U0154144

論語故事

孔子與他弟子們的故事

張德文 著

五南圖書出版公司 印行

時代會改變，人們的認識會改變；但師生關係的某些元素不應當改變：尋求真知，學習做人，愛和相互尊重。

推薦序

大作編得很好。又請對此有深入研究的北京國子監孔廟的常會營審讀。我們的共同看法：資料翔實，生動活潑，譯文精當，很適合中學生和小學高年級閱讀，對打儒家不熟悉社會青年，對於一般群眾，也是會受歡迎的。我們一致認為此書稿達到出版水平，有出版價值。

祝
先生健康長壽！

周桂鈿
2009年11月13日

（本文作者為北京師範大學哲學系教授，中華孔子學會副會長）

杏壇，相傳是孔子講學的地方。

　　山東曲阜孔廟大成殿（祭祀孔子的主要場所）前有一方亭，高
12.05米，闊7.37米，重簷十字脊，朱紅廊柱，金色屋頂。亭正面藍色
豎匾上「杏壇」二字，為清高宗手書。亭前有金代石刻香爐，亭側杏
樹數株。亭內有金代文學家、書法家篆書「杏壇」碑以及清乾隆帝手
書《杏壇贊》碑。

　　杏壇修建於宋、金年間。宋天僖二年（1018年），大殿（原名文
宣王殿、宣聖殿）在祖廟增修時移後（即今之大成殿）。孔子四十五
代孫孔道輔以講堂舊基甃石為壇，環植以杏，取杏壇之名（參《莊
子・漁父》）。金章宗時在壇上加建亭。明穆宗隆慶三年（1569年）
擴建。　　　　　　　　　　（資料來源：孟繼新《曲阜三名》，濟南，1997）

人物表

孔 子

名丘，字仲尼（西元前551年—西元前479年），春秋魯國陬邑（今山東曲阜東南）人。
思想家，教育家，政治活動家。

孔子弟子

顏 回

姓顏，名回，字子淵，亦稱顏淵，魯國人。
少孔子三十歲。勤學好問，是孔子最得意的學生，不幸英年早逝。

閔子騫

姓閔，名損，字子騫，魯國人。
少孔子十五歲。品德高尚，拒絕出仕。

冉伯牛

姓冉，名耕，字伯牛，魯國人。
少孔子七歲。品德高尚，不幸感染惡病去世。

冉 雍

姓冉，名雍，字仲弓，魯國人。
少孔子二十九歲。與顏回、閔子騫、冉伯牛
並列為德行出眾的學生，曾任季氏家族總
管。

冉 求

姓冉，名求，字子有，亦稱冉有，魯國人。
少孔子二十九歲。辦事能力強，曾任季氏家
臣。敬佩孔子，與孔子有某些不同的政見。

子 路

姓仲，名由，字子路，又字季路，魯國人。
少孔子九歲。出身貧賤，粗野，曾對孔子不
敬，善良直率，後來成為孔子最忠實的學生
和朋友。

宰 我

姓宰，名予，字子我，亦稱宰我，魯國人。
少孔子二十九歲。能言善辯，受到過孔子嚴
厲的批評，忠於孔子。

子　貢

姓端木，名賜，字子貢，一字子贛，衛國人。
少孔子三十一歲。能言善辯，富有外交才能，後經商，有成就。

宓子賤

姓宓，名不齊，字子賤，魯國人。
少孔子三十歲，曾任單父縣長。

公冶長

姓公冶，名長，字子長，齊國人（一說魯國人）。
孔子的女婿，生卒年不詳。

南宮適

姓南，名宮適，字子容，亦稱南容，魯國人。
孔子的侄女婿，生卒年不詳。

子　游

姓言，名偃，字子游，吳國人。少孔子四十五歲。
遵循孔子教導以禮樂教化治理武城，得到孔子肯定。

子　夏

姓卜，名商，字子夏，衛國人。少孔子四十四歲。
熟悉古代文獻，造詣很深，與子游同為「文學」（古代文獻）一科的優秀學生。

有　若

姓有，名若。魯國人。
少孔子四十三歲。深得孔子學說精髓。後曾被推舉繼任儒家學派領軍人物（一說被否定），後世尊稱有子。

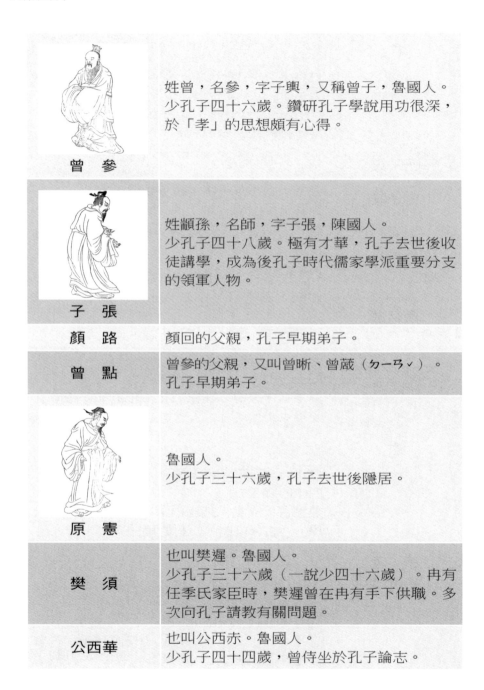

曾　參	姓曾，名參，字子輿，又稱曾子，魯國人。少孔子四十六歲。鑽研孔子學說用功很深，於「孝」的思想頗有心得。
子　張	姓顓孫，名師，字子張，陳國人。少孔子四十八歲。極有才華，孔子去世後收徒講學，成為後孔子時代儒家學派重要分支的領軍人物。
顏　路	顏回的父親，孔子早期弟子。
曾　點	曾參的父親，又叫曾晳、曾蒧（ㄉㄧㄢˇ）。孔子早期弟子。
原　憲	魯國人。少孔子三十六歲，孔子去世後隱居。
樊　須	也叫樊遲。魯國人。少孔子三十六歲（一說少四十六歲）。冉有任季氏家臣時，樊遲曾在冉有手下供職。多次向孔子請教有關問題。
公西華	也叫公西赤。魯國人。少孔子四十四歲，曾侍坐於孔子論志。

高　柴	字子羔。衛國人（一說齊國人）。 曾與子路同在衛國任職。
南宮敬叔	原姓仲孫名閱。與孟懿子（原姓仲孫名何忌），同為魯國大夫孟僖子的兒子。 遵父親遺訓兄弟雙雙師事孔子，成為孔子的早期弟子。
公良孺	陳國人。為人勇武。 帶車隨孔子周遊列國，保護孔子。

註：孔子在對學生說話時，稱其名。

目　錄

01　迎著春風的談話

　　春風輕吻著水面的漣漪，枝頭泛起一片新綠，天上遠遠近近地飄著風箏。大地醒了。人們感受到了盎然春意帶來的勃勃生機。

　　孔子師生也受到了鼓舞。弟子們圍坐在恩師身邊，閒聊著他們不只一次涉及的立志的話題。仍然是孔子首先提問，學生們各抒己見。子路當仁不讓，他率先站起來發言，他願治理好一個國家，令百姓生活富足，精神振奮，三年足矣；冉求比較謙虛，他表示，願意管理好一個小小的國家，用三年時間讓老百姓豐衣足食，興禮樂之教則有待賢者；公西華更加謙遜，他說，他只願在君主祭祀、國際盟會上學做一個小小的司儀。

　　聽了子路的話，孔子只微微一笑，對其他人的話，則一律耐心聽完，並不打斷。

　　大家談興極濃，惟獨曾點在一旁專心彈瑟，一言不發。

　　「點！你也說說看。」孔子只好點名了。

　　曾點所彈樂曲正接近尾聲，樂聲漸慢漸弱，「鏗」的一聲戛然而止。他站起來恭恭敬敬地說：「我所想的可能與他們不同。」

　　「沒關係，不就是說說將來的打算嘛。」孔子說。

「我只想參加春天求雨祭天的活動。穿上備好的祭服，在沂水邊的雩壇上隨歌舞、伴奏的大人、孩子唱歌跳舞並獻上祭品，領略重視春耕的意圖，品味音樂洗滌心靈的樂趣。」

孔子感慨地說：「好啊！我贊同你的想法。」

弟子們散了。曾點留下來請孔子評價一下剛才的幾種意見。孔子說：「禮讓治國，首先要自己謙虛，子路沒做到，冉求、公西華謙虛得過分，過猶不及。」

孔子惟獨沒說為什麼贊同曾點的想法，其實曾點明白，他只描繪了一個參與雩祭的場景，卻透露了參與禮樂興邦並善化心性的意願。孔子主張以德治國，輔之以禮樂。舉行禮儀必伴以樂。禮儀節制人的言行，音樂陶冶人的心性，內外交加，相互為用，人的言談舉止，精神面貌可以大大改觀。人人向善向上，國家能不大治！全身心投入禮儀大典，既參與了禮樂興邦大業又深化了自性，這正是有大志的儒者所應做的踏踏實實的第一步。

曾點告辭老師，走出門外，回味剛才的場景和老師所說的每一句話，如春風拂面，內心無比輕鬆，他不由得自語道：「春天真好！」

說明

本文根據《論語·先進》中之資料編寫。

——按曾點所述說的志向以及孔子讚賞曾點的理由，眾說紛

紜。本文的寫法綜合了王充《論衡・明雩》及今人林恰《孔子「吾與點也」義涵再考》（台灣東海大學《中國文化月刊》總第155期）有關闡釋。筆者認為這樣解讀與孔子主張德治、重視禮樂教化的政治思想比較一致。

02　斷糧之後

　　西元前489年，吳國出兵攻打陳國，楚國大軍北上救陳與吳軍鏖戰，陳國全境變成了戰場。為躲避戰亂，居留陳國都城的孔子率弟子南下到楚國去。臨行倉促，來不及備糧，到達陳國邊境時，已經斷了糧，每天只能用野菜湯充饑。

　　孔子師徒所到的小村莊通向楚國負函（今河南信陽），這裏到處斷垣殘壁，偶爾出現一個老者，見到孔子一行的背影便倉惶逃走。子路好不容易找到一所稍微完整的空屋，請孔子進屋休息。疲憊已極的弟子們在外間橫七豎八地躺下。房屋外的桐樹綻放著美麗的白花，池塘的水碧綠清幽，但樹下沒有嬉戲的孩童，池裏沒有遨遊的鵝、鴨。烏鴉「哇」地哀啼一聲飛向遠方，令人心裏慌亂、頭皮發麻。

　　子路、子貢分頭外出尋覓糧食，雙雙空手而歸，見到師弟們個個面呈菜色、憔悴不堪、心裏十分難受。忽然，隔壁傳來孔子彈唱的聲音──他們知道老師不論何時何地總要以彈琴歌唱表達所感所思，但眼下面臨戰亂、饑餓、疾病的煎熬，誰還有閒心擺弄音樂！

　　子路衝進屋情緒激動地說：「老師！您還有這份心思！」

孔子並不理睬，直到一曲終止才撫琴看著子路說：「由！你知道我為何彈唱嗎？君子用音樂修養心性防止驕縱頹喪，小人則用來遮掩內心的恐懼。你跟我多年難道不瞭解我嗎？」

　　子路仍沒平靜下來，接著說：「君子就該像今天這樣倒楣？」

　　孔子正色道：「君子雖遭困厄，仍能固守正道；小人一旦倒楣，就會無所不為了。」說罷，孔子叫子貢召弟子們進來誦詩講禮。

　　為老師忍受饑餓疲勞仍誨人不倦的精神所感動，學生們也鼓起勁來認真聽講。

　　孔子見子貢表現尤為突出，便主動問他：「賜！你是否認為我所知甚廣？其實我只有一個理念貫串我全部所知所思。」

　　這話讓子貢立刻聯想起師弟曾參對老師同一句的闡釋——老師一以貫之的理念是「忠恕」，或者說是「仁」。子貢恍然大悟：老師多年來一直提倡以「德治」建立穩定的等級制度挽救亂局，關鍵在於勸說從統治者到庶民個個成「仁」德。可是這條路太難走了，眼前這關就過不了！

　　孔子知道弟子們信心不足，故意設問啟發：「《詩》云：『匪兕匪虎，率彼曠野。』」（不是犀牛不是老虎，為什麼來到這曠野？）今天我為何會如此困厄？難道我所思全錯？」子路不假思索地說：「準是咱仁德、智慧不夠，人家不信咱才置咱於如此困境。」孔子微微一笑說：「如果有仁德就定能使人信服，那伯夷、叔齊就不會餓死首陽山上了！如果有智慧就能成功，那比干就不會

被剜心慘死了！」

子貢想了想說：「老師的主張十分偉大，但人們接受不了，何不降低一點要求呢？」孔子說：「優秀的農夫能栽種好莊稼卻保證不了好收成，優秀的工匠能製作出精美的物件卻不見得能讓使用者滿意。君子提出好主張不一定被認可也是常情。賜！你不考慮如何更加完善自己的主張，只想著迎合他人降低自己的要求，這叫目光短淺呀！」

顏回沈思片刻，不慌不忙地說：「老師的主張宏偉博大，是救世的正道，雖沒人採納，但老師仍力推它的實施，足見天下當權者的荒謬淺陋，老師才是真正的君子！」

孔子聽了高興地說：「說得好！」說完，孔子又變得嚴肅起來：「當前是最困難的時候，要知道能否被賞識重用靠的是時機。世上學識淵博又能深謀遠慮卻不被重用的人多了！況且事情總會變的，先例證明，越王勾踐、晉公子重耳、齊桓公小白，都是身陷逆境反倒決心奮進終成大業。逆境也會使人視野開闊，誰說我們今天的困厄，不會轉化為明天的通達呢？」

一席話說得大家豁然開朗，子路隨手操起一把斧子舞動起來，子貢說：「我真不知道天高地厚！學習老師的胸襟，我們將永不言敗、永遠樂觀。」

當下眾人推舉子貢去負函向當地軍政長官沈諸梁求援，弟子們重新振奮精神隨老師誦經習禮，等待子貢帶回佳音。

說明

　　本文根據《論語》之〈衛靈公〉、〈里仁〉，《荀子・宥坐》，《呂氏春秋・慎人》，《史記・孔子世家》以及《孔子家語・困誓》中之部分資料編寫。

03　山水之戀

　　孔子師徒離蔡入楚，來到了桐柏山區的負函境內，希望通過當地軍政長官葉公沈諸梁的推薦得到楚昭王的接見。眼前青山環抱，巍峨蔥蘢、紅珍珠般的野果撒滿山坡。

　　弟子們遵師命停車休息。有的去山坡上摘野果，有的赤足下河洗臉。子路將幾個野果獻給老師，陪老師觀看師弟們忘卻旅途勞頓親近山水的歡樂情景。孔子的目光久久地停留在河水之上，忽而又投向遠山，感慨道：「智者樂水，仁者樂山；智者動，仁者靜；智者樂，仁者壽。」子路聽了，似有所悟：這是否在評價師弟們當前的行為呢？但又覺得沒有把握。他稟告老師後，也去河邊洗手，把自己的困惑告訴師弟們，頃刻間，弟子們都沈思起來。

　　顏回思索片刻道：「夫子之道，仰之彌高，鑽之彌堅，這是在告訴我們做人的道理：人不但要以智慧應付多變的環境，如流水般靈活自如，永保愉快的心態，還應堅守正道，像高山那樣巋然不動。」

　　子貢受到啟發接著說：「多年來，我們從衛、宋到陳、蔡，遇到了諸多事情，老師始終處變不驚，沈著應付，堅持追求，毫不動

搖，品德之高尚，如日、月般光耀。老師自己既是智者，更是仁者。」

子路恍然大悟：「老師說要以山、水為樂，是要告訴我們要以山、水為師，將山、水的品格融入我們自身。」

聰明的子貢立刻回憶起了往事：他曾向老師請教謙虛下人之道，孔子指著腳下說：「學習土地吧！地裏深藏著甘泉，草木依靠它生長繁茂，鳥獸依托它繁衍生息。人，活時在大地上站立行走，死後埋進土裏安息，它功勞大卻不矜誇只是默默地奉獻。」又有一次，孔子面對滔滔江水說：「看看這水吧！它灌溉農田、化育萬物卻不言回報。它洶湧奔騰，迂迴曲折，始終向東流去；它無私的品德、勇敢堅毅的精神，永遠值得我們學習。」

聽了子貢的話，大家不約而同地想起了孔子同樣在奔騰咆哮的江水邊的教誨：「美哉水，洋洋乎！逝者如斯乎，不舍晝夜！」光陰荏苒，時不我待。老師勉勵學生學習流水自強不息，進德修業。

孔子的話極富哲理，日本作家井上靖認為，孔子此語不僅是對人生的詠嘆、對自身和學生的警誡，也表達了他的信念：「如同百川歸大海，人類的長河無疑也朝著大海流去。」是的，滔滔江水，滾滾向前，它沖刷掉一切違反歷史規律的污垢，奔向新的希望。

看看如此美麗的山水，想想老師語重心長的教誨，弟子們還沒來得及發表更多的意見，孔子已經來到了他們身邊。他似乎猜到了弟子們議論的話題，輕輕地說：「還有足夠的時間討論，前面的路長著呢！」

說明

　　本文根據《論語》之〈雍也〉、〈子罕〉、〈子張〉、〈憲問〉，《荀子》之〈堯問〉、〈宥坐〉以及《史記‧孔子世家》中之部分資料編寫。

　　孔子到過黃河邊，但時間和動機尚待考（參錢穆先生《孔子傳》，東大圖書股份有限公司，1987）。《論語‧子罕》所記「子在川上」這句話，時間、地點（哪一條河）以及動機，也缺乏具體背景資料；因此人們對這句話的理解，也見仁見智。（參井上靖《孔子》，人民日報出版社，1991）

04 戎山遠眺

　　初夏，清晨，孔子帶領顏回、子路、子貢這幾個最親密的學生登上戎山。

　　半天紅霞漸漸褪去，一團火球「蹭蹭蹭」躍上空中，頓時透明光亮，刺人眼目。遠處山巒淺黛、高高低低，連綿逶迤。近處山下，幾縷炊煙騰空，幾聲雞鳴應和。大自然和諧靜謐的氣氛把人們的心胸蕩滌得空靈澄明。孔子極目遠眺，似有所感悟，他回過頭來對學生們說：「你們對未來有什麼設想，不妨說來聽聽。」

　　子路不假思索，搶先說道：「我盼望有一支威武的軍隊，為首的高擎戰旗，輝映著日月。戰鼓擂響，震動大地。我命令他們，向敵人進攻。那是多麼愜意的事情啊！」

　　子貢接著說：「我夢寐以求的是，身著樸素的衣裳，連隨身的兵器和口糧都不帶，奔走於兩國之間，憑我的三寸不爛之舌，促成他們的友好結盟。」顏回只是微笑，並不說話。

孔子說：「回，你也說說看。」

顏回說：「二位學長都說過了，我還有什麼可說的。」

孔子說：「你是不是不同意他們的設想？」

顏回說：「人各有志，我的想法的確不一樣。我只希望能有機會輔佐一位英明的國君，不務戰備，只重民生，銷毀兵器，鑄造耕具，推倒城牆，填平護城河，率領民眾，致力農耕，家家自給有餘，人人豐衣足食。」

孔子高興地說：「你們說得好呀！由勇武猛進，不過必退時還得退，寧可膽小一點。賜長於言辯，最好先做後說，敏於事而慎於言。回關心民眾，有仁愛之心，不愧為高士。但治國講究審時度勢，進退自如。只憑一己的構想不一定能一直貫徹下去。」孔子停了停，接著說：「設想再好，也要弄清工作對象——你進攻誰？遊說誰？事業的目標應當高遠。」孔子指著前方說：「我們站在山頂上，大千世界，盡收眼底。眼光務必高遠，行動卻須從卑小處開始。我們不正是從山腳下一步一步爬上來的嗎？」

弟子們相顧會心地笑了。

天色大亮，山下小路上已經有人走動了。

 說明

本文根據《韓詩外傳》卷九第十五章及《說苑‧雜言》中之資料編寫。

05　苛政猛於虎

　　孔子率領子路等人來到了泰山旁，為它的雄偉壯觀所吸引，令弟子們停車休息，自己佇立仰視。只見這座天下馳名的奇山突兀峻拔，俯視群峰，卻又穩健凝重，縱能翻江倒海，也休想挪動它一絲一毫。它的崇高，它的穩重，令孔子不由得興起「仁者樂山」的感嘆。

　　正當孔子師生流連於泰山奇觀的時候，突然聽到遠處傳來哭泣聲。哭聲那樣哀傷，那樣淒慘，深深地刺痛著人們的心。孔子忙叫子路前去看個究竟。

　　原來百步之外，新壘起一座土墳，墳前燃著紙錢，點著香火，陳設著簡單的祭品。一個婦人正坐在墳前號啕大哭：「你怎麼留下我一個人就去了！我的命怎麼這樣苦呀！」

　　子路上前安慰道：「人死不能復生，大嫂別太傷心，你要保重自己。」

　　婦人說：「我怎能不傷心呀！老虎接連奪去了我家三個人的性命：先是我公公，接著是我丈夫，現在我兒子又被它吃掉了。我兒還年輕，老虎怎麼不吃我呀！……如今就剩我孤苦伶仃的一個人，

叫我怎麼活呀！」

　　說話間，孔子和其他弟子也來到了婦人身邊。孔子被婦人的不幸遭遇深深地打動了。但他又覺得奇怪，既然這裏虎患這樣猖獗，為什麼不搬到別的地方去呢？他把這個問題向婦人提了出來，希望弄清其中的原因。

　　婦人擦擦眼淚，抬頭看看問話的人，這位老先生慈眉善目，簇擁著他的人們不論長幼似乎也滿臉同情和焦慮——看樣子他們都不是壞人。於是婦人把心裏的話照實說出來：「我們這裏地方偏僻，當官的不到這裏來徵收繁重的賦稅和徭役。搬到別處去，賦稅那麼重，徭役那麼多，更沒法活了。」

　　孔子長嘆一聲，對學生們說：「你們千萬記住：苛政猛於虎——繁重的賦稅和徭役比老虎還厲害呀！」

　　本文根據《禮記・檀弓下》中之資料編寫。

06　塵土遮不住美玉的光輝

　　顏回來看望孔子，碰巧見孔子與一位客人在談話。他不便打擾，退在一旁侍立。

　　一會兒，那位客人拜辭告退。顏回凝視著客人的背影漸漸消失在門外。孔子叫顏回坐下，剛要詢問他最近的學習心得，顏回卻先開口了：

　　「老師，這個人有仁德之心嗎？」

　　孔子沒想到顏回突然提出這樣一個問題。他知道顏回非常重視仁德修養，並且曾經專門請教過什麼是仁德，怎樣修養仁德。孔子的答覆是：抑制自己，視、聽、言、行一切合乎「禮」便是「仁」。「禮」既是社會架構依據、治國理政原則，又是處理從家庭到社會人際關係的倫理秩序；依「禮」行事理所當然地便是修養「仁德」有效的操作途徑和考評準則。只要你這樣做到了，天下人便會認同你是具有「仁德」之心的人；關鍵在於自

己的努力，別人幫不了你。顏回當時回答得很乾脆：「學生雖然愚鈍，但我一定要依照老師教導的去做。」孔子認為，「仁」的本質是「愛」，用「愛」去溫暖他人的心。長久以來，孔子觀察顏回的所作所為，得出一個判斷：他的學生中，能經常以仁愛之心要求自己的，只有顏回一個。現在顏回觀察來人後提出這樣一個問題，想必有自己的看法。他倒要看看這個自己最器重的學生近來有些什麼進步。於是他故意不作明確答覆：

「這個問題還真不好回答。我看此人似乎內心有一股狠毒勁兒，但言談舉止卻非常有禮貌。『仁』嘛，我說不準。」

顏回變得嚴肅起來：「老師！我以為，多深的水也掩藏不住珍珠的光芒，多厚的塵土也遮蔽不了美玉的光輝。人的形體所包藏的內心世界不可能不外露。內心溫良也好，狠毒也好，首先會流露在眉宇間。這個人言行有禮不過是假象，他眉宇間的狠毒勁兒實實在在地說明他不是一個具有仁德之心的人。」

孔子聽完大為讚賞。他素來主張「文質彬彬，然後君子」──君子的儀容風度和他內心本質的東西是和諧統一的，外表和內心怎能分離呢？顏回真是大有長進了。

説明

本文根據《論語》之〈雍也〉、〈顏回〉中之資料及《韓詩外傳》卷四第三十章編寫。

07　誰能駕駛好馬車？

　　魯國國君定公問顏回：「東野畢能駕好車嗎？」

　　顏回回答道：「車倒是能駕好，不過他的馬會跑掉。」

　　魯定公很不高興。國君大多喜歡聽手下人說順竿爬的話。本來他很欣賞東野畢的本領，誰知道顏回偏偏不懂他的心思，唱起了反調。顏回走後，魯定公對左右的人說：「人人都說顏回是君子，難道君子也在背後說別人的壞話嗎？」

　　三天以後，養馬官進宮來報告：「東野畢回來了。中間駕轅的兩匹馬進了馬廄，左右兩匹馬半路上跑掉了。」

　　魯定公大吃一驚，離開座席站起來說：「趕快套車，請顏回進宮，我要立即見他。」

　　顏回坐上魯定公派去的車，暗自思忖：又要問什麼話，怎麼這樣急？不會又是上次那樣令人尷尬的場面吧！進得宮來，見魯定公客客氣氣地站起來迎接，恭恭敬敬地說：「先生請坐。」待顏回坐定，魯定公又恭敬地說：「上一次先生說東野畢能駕好車，可是他的馬會跑掉。今天果真兌現了。不知先生是怎麼預知的？」

　　顏回笑了──原來這麼回事！他稍稍停頓了一下，回答道：

「談不上預知。我只不過根據常理加以推斷罷了。舜善於治理百姓，造父善於趕馬駕車；他們共同的特點是，做事不過分，不逼迫他們的對象。舜治下的民眾生活環境寬鬆，日子過得舒暢，他們不會背棄自己的國家。造父的馬跑累了，就能休息，多會兒也不會逃跑。東野畢可不這樣。我平日觀察，見東野畢技術嫻熟，一切操作都按規矩辦；但他不愛惜牲口，只求完成任務。長途奔馳，涉難歷險，馬跑得汗流浹背，精疲力竭，也被鞭打得不停地跑；疲於奔命的馬不逃倒不合常理了。」

魯定公聽得入神，但覺得還不夠盡興，又要求道：「說得好，說得好！先生能不能再說下去？」

顏回想：也好，乾脆把平日藏在肚子裏的話都倒出來。他咳嗽一聲，嚴肅地說：「我聽說，鳥兒急了會亂啄，野獸急了會亂抓，人急了怎能不作亂！如果說，君主把他治下的民眾逼急了，他的政權仍然安然無恙；這種事，從古至今都沒有聽說過。」

魯定公聽了，不再說話，似乎在想什麼。

顏回說的是趕馬駕車，實際目的卻是要對魯定公的施政進言。

顏回崇信孔子的德治思想。他記得孔子反覆強調過一個國家只要和諧，就不怕人少。構建和諧的方法就是以道德教化治國。對民眾要進行德教，不加教育就懲戒甚至殺戮那是暴政，暴政是不得人心的。尤其重要的是，在上位的人自己要行得正坐得穩，這樣辦起事來就不會有困難了。根據孔子這樣的主張，顏回跟子路、子貢進行過討論。他們在一塊談各自的理想。與子路的率軍殺敵紓難、子

貢的舌戰敵方解困不同，顏回說要按老師的德治論治理國家：國君率先垂範，官員以德化民，對外禮讓交好，上下團結一心，言仁義者賞賜，主爭鬥者取締，社會就會和諧安定。他笑著對子路、子貢說：「到那時，哪裏還用得著二位學長率兵紓難，舌戰解困！」

看來，真正能「駕」好「車」的，是懂得寬容和善待對手的人。

說明

本文根據《論語》之〈為政〉、〈子路〉、〈季氏〉、〈堯曰〉，《荀子》之〈哀公〉中之部分資料及《韓詩外傳》卷七第三十五章編寫。

08　不是父子，勝似父子

　　顏回英年早逝，噩耗傳來，孔子悲痛欲絕，傷心地大哭：「天哪，你要我的命哪！你要我的命哪！」旁邊的人擔心他哭壞了身子，勸解道：「先生節哀，別太傷心了，您的身體要緊。」孔子好不容易止住哭泣說：「這樣的好人走了，我怎能不傷心呀！」

　　往事一幕幕湧上心頭。

　　顏回聰明勤奮，為師兄弟們所公認。

　　一天，孔子問子貢：「賜呀！你跟顏回，哪一個更強些？」

　　子貢很有自知之明，他對老師直言不諱：「我哪敢跟顏回比！他聽到一件事，就可以推知十件，我頂多推知兩件罷了。他真的太聰明了！」

　　孔子說：「我贊同你的意見，你的確比不上他！」

　　顏回天資聰慧，卻又虛心好學。他聽孔子講課，十分專注。對老師的教誨，從不提反對意見，總是高高興興地接受。有時甚至會令孔子覺得這樣的做法對自己沒有什麼幫助。但孔子又發現，顏回每次聽完課，都退下自己反覆思考，還總能揣摩出一點新意來。

　　他生活十分清苦，住在偏僻小巷的破屋裏，與父親顏路相依為

命，以粗茶淡飯度日。別人以為他受不了，可是他天天早起晚睡，讀《詩》學《禮》，沈浸在學習中，感受著無窮的樂趣。

他對老師的崇敬，也是人所共知的。

當年能說會道的少正卯聚眾講學，多次把孔子的學生吸引了過去，惟獨顏回始終不離開孔子。他說：「老師給我的東西太多了！他老人家的學問是那樣高深，我該怎樣形容好呢？如果說老師說的道理在上面，你抬頭看，越看越覺得它高；如果說它在你面前，你努力鑽研，越鑽研越覺得它深刻，你似乎伸手就可以抓住它了，一會兒它又不見了，或許跑到後面去了──原來我並沒有真正弄懂它。對我這樣愚鈍的學生，老師也不放棄，始終循循善誘，用文獻豐富我的知識，用禮節約束我的行為。我用盡精力，似乎能跟上老師了，但再想前進一步，還是感到很困難。這樣的好老師，我是永遠也不會離開他的。」

的確，孔子周遊列國十四年，顏回一直跟隨著老師。

西元前497年，孔子離開衛國前往陳國，途經匡城（今河南長垣），駕車的學生顏刻舉著馬鞭指著城牆的缺口說：「當年我們就是從這裏攻進城的。」（七年前，魯國的陽虎曾派兵攻進匡城）匡人聽到後，誤以為陽虎又來騷擾他們了，一窩蜂湧上來把孔子師徒團團圍住。學生們又慌亂又焦急，惟恐老師被傷害。孔子卻安慰他們說：「周文王去世後，他的文化遺產都在我這裏。老天如果要消滅這種文化，我也沒辦法；否則匡人又能把我怎麼樣！」說完，他找塊石頭坐下，不慌不忙地彈起琴唱起歌來。匡人一看，這不是陽

虎的軍隊，於是撤圍放行。然而時間已經過去了五天。孔子清點一下人數，卻不見顏回。孔子正在焦急，顏回卻出現了。原來他行動遲緩，脫了隊。聽說前面出了亂子，顏回擔心是老師的隊伍遇險，於是他拼命往前趕。這時，他並不知道老師也在為他的安危而著急。孔子見顏回來到跟前，長出一口氣說：「回呀，你怎麼這時才來，我還以為你死了呢！」顏回行禮道：「讓老師擔心了，老師在，學生不敢死。」說得大家都笑了。

隊伍來到陳、蔡兩國間，師徒們斷了糧。一天，顏回不知從什麼地方要來一點米。他尋了一把柴，專門為孔子架鍋做飯。飯熟了，不巧一點煙灰掉進了鍋裏。顏回想：不能讓老師吃不乾淨的飯。於是，便把一小團帶煙灰的飯抬起來，剛準備扔掉，又覺得太可惜，何況這又違背了聖人的古訓，便連煙灰帶飯粒送進口裏吞下，再將鍋裏的飯全部盛出來，恭恭敬敬地送到多少天來只能以野菜湯充饑的老師跟前。孔子知道情況後，十分感動——難得呀！顏回這一片孝敬之心。

想著這些往事，孔子不禁又悲傷起來。

忽然，顏回的父親顏路進來了。顏路是孔子的早期弟子，比孔子只小六歲。他家境貧寒，愛子去世，十分悲傷，前來向孔子求援，給愛子舉行一個像樣的葬禮。

顏路說：「老師！我知道您很器重回兒。現在他走了，我連給他買一副外槨的錢都沒有。」顏路想，孔子這時已不再參政，只在家整理文獻，收徒講學，他出行使用的車子已經沒有多大用處，希

望孔子能賣掉車子，幫他買一副外槨。顏路傾吐完心聲，跪拜在地，泣不成聲。

　　孔子見顏路這樣，也忍不住淚流滿面。他俯身扶顏路起來：「老人家，顏回是您的兒子，也跟我的兒子一樣。您知道我的鯉兒走時，我也只給他買了內棺，沒置辦外槨。對於回兒——請原諒我這樣稱呼我的愛徒，我也將一視同仁。至於車子，目前我還不能賣掉。朝中官員跟我還時有來往，我徒步去見他們，是不合禮儀的。」說完，兩位老人相擁而哭。

　　平時，師兄弟們與顏回相處十分融洽，他們仍然想辦法厚葬了顏回。孔子知道後，又一次哭了起來：「回呀！平時你待我如父，我卻沒能愛你如子；即使今天，我也沒能做到與鯉兒同等對待！」

　　後人評論說，顏回追隨孔子，像大孝子曾參侍奉父親一樣。的確，孔子與顏回，不是父子，卻勝似父子。

說明

　　本文根據《論語》之〈公冶長〉、〈子罕〉、〈先進〉、〈為政〉、〈雍也〉，《左傳》「定公六年」，《呂氏春秋》之〈任教〉、〈勸學〉，《史記‧仲尼弟子列傳》，《論衡‧講瑞》以及《孔子家語‧弟子行》之部分資料編寫。

09　他爲什麽不肯當官？

　　魯國的執政大臣季氏[1]聽說孔子的學生閔子騫十分優秀，派人送信請他出仕。

　　那天閔子騫正在屋子裏與師弟研討學問，忽聽門外有人喊：「閔先生在嗎？」閔子騫一愣：我素不與人交往，怎麼會有人找我呢？大概是弄錯了；於是繼續讀書，並不理睬。

　　誰知外面又叫起來了：「閔先生在嗎？」

　　師弟說：「叫你哩！趕快去看一看。」

　　閔子騫無奈，只得起身開門，隨口說：「我是閔子騫，您請進吧！」

　　來人說：「不必多禮。這是我們主人的信函，請您過目。」

　　閔子騫接過竹簡，見內容是季氏邀請他擔任費城（今山東平邑東南）縣長，連忙退還道：「您請回吧！拜託您替我告訴您家主人，我閔子騫擔任不了這樣的重任——以後也別再來找我，否則我會逃到汶水以北去！」說罷連忙退回屋裏，只顧讀自己的書。來人

---

1. 季桓子在西元前501至西元前490年執掌魯國大權，時閔子騫爲三十五歲至四十六歲，正值中年，學有所成，精力旺盛。請閔子騫任費宰的很可能是季桓子。

十分尷尬，在門前愣了一會兒，只好走了。

師弟把這一切看在眼裏，覺得這位師兄簡直不可理喻，忍不住開口道：「放棄這樣的機會，你傻呀！」

閔子騫說：「你不懂！」

別人不懂？人們倒是要問閔子騫為什麼不願當官。

孔子十分希望自己的學生有施展才幹實現抱負的機會。他曾勸漆雕開去當官，他也關心過子游、子路等的政務。他主張學習了禮樂，做好了準備，就應該去做官。他自己也在尋找這樣合適的機會。他說：「假若讓我主持國家政事，一年就差不多了，三年會很有成績。」

是不是閔子騫修養不夠，準備還不充分呢？

閔子騫是個孝子。後媽虐待他，給她的兩個親生兒子棉襖裏絮進厚厚的新棉花，給閔子騫的「棉」襖裏塞的是蘆花，凍得閔子騫身子發抖，手都僵了。父親發現了，要把這個沒良心的女人趕出家門。閔子騫反倒跪下來替後媽求情：「母在一子寒，母去三子單。」這件事不但感動了父親、後媽和兩個弟弟，在鄉鄰中也傳為美談。孔子讚揚這個好學生說：「閔子騫真是孝順啊！他的家人稱讚他是對的，鄉親們對他的孝行也很認

同。」孔子認為他的品德優秀，可與顏回等人並列。

閔子騫辦事講究實際，反對大排場，反對浪費。從這樣一件事可以看出他的風格。魯國要翻修金庫，閔子騫大不以為然。他說：「為什麼要大興土木翻修呢？那不是勞民傷財嗎？照原樣修繕一下同樣可以使用。」孔子聽了，非常讚賞，他說：「這個人不亂發議論，一說話就十分中肯。」

僅僅憑這件事就可以看出，閔子騫正是在孔子的教育和鼓勵下，不斷進步，完全具備了主持一方政務的條件。

那他為什麼不肯接受季氏的邀請呢？

也許他跟師弟子貢的一次談話可以說明原因。

有一天，子貢問閔子騫道：「你剛來的時候，滿臉菜色，十分憔悴；現在面色紅潤，精神很好，為什麼？」

閔子騫道：「我家在郊野，長年孤陋寡聞；投奔先生以後，在先生跟前聽他老人家講授孝道和治國的學問，非常高興；一出門又見到達官貴人馬車華麗、僕從眾多，也很羨慕。道德學問和功名富貴在我腦子裏交戰，攪得我寢食不安，精神恍惚，我自己也知道那時我的臉色很難看。經過先生反覆教導，又能夠與學友們切磋研討，我終於明白了人生應當有怎樣的追求，做一個品德高尚的君子才是我應有的理想。什麼高官厚祿，什麼榮華富貴，我都視為糞土。所以我現在吃得香，睡得安，心情舒暢，身體健康。」

摒棄物欲，心向道德學問是閔子騫選定了的道路，也許這就是閔子騫遠離仕途的原因吧！孔子對此怎樣評價，古籍裏沒有記載。

閔子騫的選擇是不是走了極端呢？也很難說。像閔子騫這樣做的，孔子弟子中還大有人在，例如曾參、子張……他們收徒講學，宣揚師道，也頗有成績，人各有志吧！

說明

　　本文根據《論語》之〈雍也〉、〈公冶長〉、〈子路〉、〈先進〉，《太平御覽》卷三十四中之資料以及《韓詩外偉》卷六第四章、卷二第五章編寫。

10 窗外的哀音

　　冉伯牛病得很厲害，他把自己關在小屋裏。

　　孔子多次請醫生給他治病，診斷完畢，醫生們無一例外都無可奈何地搖搖頭。原來冉伯牛得的是一種惡病，傳染性很強。自從知道自己得病的實況後，冉伯牛就拒絕人進他的屋子。師弟們送飯送茶，他也只從窗戶接進去。

　　他吃得越來越少。

　　不幸的消息一次次傳到孔子耳裏，老人家痛心極了。

　　冉伯牛是他心愛的學生之一。此人出身寒微，學習勤奮，嚴於律己，處事嚴謹，連小事都打點得十分妥當。孔子把他與顏回、閔子騫、冉雍並列在德行優秀的學生之列。後人稱他為人端莊正派，很有老師的作風。死神的魔爪居然伸向了這麼好的學生，叫孔子怎麼不傷心！

　　雖然屢遭拒絕，但孔子還是要去看他。

　　「耕呀，開門！是我！老師來看你了。」孔子敲著冉伯牛的門。

　　「老師，弟子敬謝師恩。」屋子裏傳出一個無力的聲音。「我

得的是惡病，請老師別進來！」

「耕，別這樣說！我放心不下，讓我進去看看你。」

沒有回答。屋裏傳出抽泣聲。

孔子急了，叫弟子撞開窗戶，握住窗下伯牛枯瘦的手說：「天哪！難道這是命嗎？怎麼讓這樣的好人得這樣的病！怎麼讓這樣的好人得這樣的病！」悲哀的聲音刺痛人們的心，弟子們都哭了。

不久，冉伯牛去世了。每次人們走過冉伯牛生前居室的窗外，似乎還能聽到孔子那哀痛的聲音。

說明

本文根據《論語・雍也》、《孟子・公孫丑上》、《尸子・卷下》以及《白虎通・壽命》中之資料編寫。

11 冉雍上任以後

冉雍應邀擔任了季氏家族的總管。

誰知道這件事居然引起了一些人的議論。

有人說：「冉雍有仁德，卻沒有口才。」言外之意他做不了這份工作。

孔子聽了，很生氣。他知道冉雍是非常重視道德修養的好學生。針對冉雍提出什麼是「仁」的問題，孔子曾經告訴過他：仁德之人對工作要嚴肅認真；對人要寬容，要講恕道；處理問題心胸要博大，不怨天，不尤人；仁者剛毅、果斷、質樸慎言——言勝於行，或花言巧語，都十分可恥。冉雍很認真地接受了這些意見，並且堅決實行，頗有成效。為什麼還要在口才問題上大做文章呢？

孔子毫不客氣地批駁道：「為什麼要強調口才？強嘴利舌，得理不饒人；誰都

討厭這種人。雍道德修養怎樣，我不知道；但我知道雍用不著學著耍嘴皮子！」

當然孔子非常清楚冉雍品德很好，他完全可以跟顏回等人一樣，列入德行高超的學生之內的。

還有人說冉雍出身寒微。

這一點更加令孔子生氣了。出身寒微怎麼了？出身寒微就不能成大事？

孔子說：「老規矩不用耕牛作犧牲來祭祀；但如果耕牛下的小牛長得很健壯很漂亮，神也會捨不得拒絕它的。當然，這是個比喻。雍儘管出身低賤，但他很有才幹，他完全可以勝任一個部門或一個地方的政務。」

的確，冉雍是很有見解的人。他與孔子討論子桑伯子的處事風格，對孔子以「簡易」二字的褒揚就提出了不同看法。

他說：「一心認真幹好工作，卻採取簡易有效的措施，利民又不擾民，那是好的；如果只想簡單了事，做法也從簡，那事情就辦不好了！」

孔子很贊同他的意見，說：「言之有理，說得好！」

冉雍還很謙虛，他還專門向孔子請教應該怎樣協助季康子處理好政務。

孔子告訴他：「在上位的人必須率先垂範，作出好的榜樣；要大度，不計較下屬的小毛病；還要善於發現和提拔優秀人才。」

冉雍接著問：「怎樣才能發現和提拔優秀人才呢？」

　　孔子說：「盡你的努力去做，發現多少就提拔多少。真正的優秀人才是不會被埋沒的。」

　　有頭腦，又謙虛，這樣的人還處理不好政務？

　　遺憾的是，冉雍在他的崗位上做了多久，績效如何，現存史料毫無記載。對今人來說，這是冉雍人生歷程上的一段空白。空白往往是遐想的空間，也許我們可以想像這一段空白正展示了冉雍生命的光華吧！

說明

　　本文根據《論語》之〈公冶長〉、〈顏回〉、〈子路〉、〈憲問〉、〈學而〉、〈陽貨〉、〈先進〉及《孔子家語・弟子解》中之資料編寫。

12 「你太令我失望了」

　　西元前484年，孔子剛回國，冉求就前往看望老師。他先孔子七年返魯，供職於竊取國柄的季氏。師生分別已久，重聚倍感親切。

　　交談了一番別後的情況，冉求的語速漸漸慢下來，似乎有些猶豫。

　　「求！有事嗎？」孔子問道。

　　「老師！季康子打算改稅制，按實耕田畝數計算應繳納的田稅和軍糧的數量以及出甲士的人數，他讓我請教您，這是否可行。」

　　孔子立刻嚴肅起來，斬釘截鐵地說：「我不懂！」

　　冉求碰了釘子，不好意思地告辭了。

　　此後，季康子多次讓冉求來向孔子質詢這件事，但是每次孔子都拒絕回答。冉求實在忍不住了，著急地

說：「老師！您眾望所歸，人人都希望得到您的教誨；我也想聽到您的意見辦好主人交給我的事。您為什麼不跟我說說呢？」

孔子讓眾人退下，只留下冉求，鄭重地說：「治理國家當從古制。對待百姓更要施取其厚，斂從其薄，事舉其中──凡事都要適度。季康子真想依法行事，自可參照周公制定的制度，何必來問我？」

冉求不再說什麼，回去如實稟報。季康子聽了，冷笑一聲，態度不變。冉求也不想改變事實，仍按主子的決定，推翻實行了一百多年的賦稅制度，改行新法。

消息傳來，孔子憤怒了，他當著眾弟子的面大聲責罵：「季氏那麼富有，冉求還幫他搜括民財！冉求太令我失望了！他不是我們的人，你們要狠狠地批評他！」

原來，多年前，孔子就明確地告訴過冉求，治國要先富後教，賦稅太重，百姓不富，苛政猛於虎；而他居然反其道而行！其實，當時貴族讓他們的農奴無限量開荒，又仍舊只保留一個納稅戶頭，政府無法控制土地耕種許可權，在這種情況下，按實耕田畝數收取賦稅還比較合理，如果仍強調不變古制，實際上並不能減輕耕種者的負擔。從這個角度看，冉求倒是比較開明了。

西元前594年（魯宣公15年），魯國實行「初稅畝」改革田畝稅，向有田者按田畝收稅。西元前590年（魯成公元年），魯國「作丘甲」，改革兵役法，按「丘」（地方基層組織）征軍賦和甲士，由「丘」中人分攤。西元前484年（魯哀公11年），把持魯國大權的季康子欲「以田賦」，合田畝稅和兵役法為一，按實耕田數收稅和軍賦以及征甲士，農夫背上了雙重負擔。與此同時，土地私有權得到確認，催化了封建領主制向封建地主制的過渡（見楊伯峻——《春秋左傳注》P.766、P.783-784、P.1667-1668，范文瀾——《中國通史・一》以及翦伯贊——《中國史綱要・一》）。

　　事見《左傳》「宣公十五年」、「成西元年」、「哀公十一、十二年」。又參見《論語・先進》。

13　「學不了，還是不學」

　　周遊列國長達十四年之久的孔子返魯後，對從政以實現理想失去了信心。已過耳順之年，來日苦短。他要抓緊時間，於教學之餘，整理前人傳下來的文獻：《詩》、《書》、《禮》，他要編纂魯史，還要好好讀讀《易》，領會先賢的睿智。

　　因幫季氏改變稅制而挨過批評的冉求又來看望孔子了。老師畢竟是老師，師恩難忘；何況又有新情況應該稟報呢！這次冉求特地邀子路一同前來。子路剛仕於季氏，衛國那邊還保留了他的職位。對於季氏家族，他所知不多，興趣也不算大；他答應與冉求結伴，主要是惦記老師。

　　一進孔子的居室，所見除那架使用了多年的琴外，便是滿屋的竹簡。孔子手拿一束簡冊，正讀得入神，冉求稍作猶豫，輕輕咳嗽一聲，孔子抬頭一看，原來是子路二人，連忙放下手中的工作，讓他們坐下。

　　來不及寒暄，冉求開門見山地說：「老師！季康子要出兵打顓臾（ㄓㄨㄢ ㄩˊ）了！」

　　孔子頗覺意外，連忙責問道：「你們為什麼不阻止呢！」不容

二人分辯，孔子接著說：「顓臾是我們境內的臣屬之國，他們的國君是先聖伏羲的後代，很受聖王尊重。對這樣的國家，為什麼要攻打？」

冉求支支吾吾地說：「季康子要打，我們並不願意。」

孔子顯然不滿意這樣的答案，他批評道：「任職就要盡責，幹不了就辭職。比方瞎子走路請你照顧，眼看他要摔倒，你還不趕緊攙扶，要你何用！」

冉求辯解道：「我想，因為顓臾在我國境內，離季康子的采邑費城很近；他們的防務相當嚴密——城牆就修築得十分牢固。如果不趁現在除掉，後果將很難想像。」

孔子正色道：「君子最討厭不說真話的人。明明自己貪心卻要製造藉口編排人家的不是。知道治國的正道嗎？均無貧，和無寡，安無傾。財富少不要緊，怕的是分配不公平；人口少不要緊，怕的是國人不團結；國家安定團結，政權就不會被顛覆。要用禮樂和道德教化吸引人家歸服。現在外人不歸服，內部又不團結，季氏還要動用武力，你們又不加阻止。國君對季氏積怨很深，一心要奪回被竊取的國家大權。這樣下去，只怕國家要大亂呀！」

冉求聽了，無話可說：國君和大夫季氏的矛盾由來已久，老師看得準，說得對。倒是自己又讓老師失望了。

此後季氏是否攻打了顓臾，史書並無記載。孔子反對動武，體現了他以德治國、關心民眾、企盼社會安定的一貫主張。冉求和孔子治國理念的分岐，也於茲可見。冉求曾經對孔子說：「老師的學

說我喜歡，但學不了。」孔子的回應是：「你哪裏是學不了，明明是不學嘛！」

　　冉求多次挨批評，但他多才多藝，辦事能力強，孔子還是很賞識的。冉求擔任季氏家臣，還是孔子推薦的呢。

說明

　　本文根據《論語》之〈季氏〉、〈子路〉、〈雍也〉中之資料編寫。

14 從「鄙人」到「賢士」

一天，孔子正帶領他的學生曾點、顏路等研習學問，誦讀詩書，忽然門外闖進一個人嗷嗷大叫，吵得大家無法讀書。看看這個人的打扮，真令人又好笑又好氣。他頭戴一頂雞冠樣的帽子，胸前掛一塊畫著母豬的牌子，是一個十足的「混混」。顏路等十分氣憤，要攆他出去。

「且慢！」孔子連忙制止，和藹地與來人攀談起來。原來這個怪人姓仲名由字子路，家境貧寒，出身低微，時稱「鄙人」（卑賤的人）。他父母年邁，全靠他替人幹各種雜活掙一點錢，走很遠的路換一點米供養雙親。他自己則常以野菜充饑。他正直、勇武、魯莽，看不起讀書人。孔子開辦全國第一家私人學館的消息傳開之後，子路懷著一肚子疑惑和好奇前來看個究竟——「孔丘是個什麼樣的人？官府明明設有學館，他偏要自

己辦什麼學？會有人到他的學館裏去嗎？」他來了！沒想到這所私人學館居然真有好些學生，眼前這位教書先生也十分平易近人，他不得不靜下來聽這位先生講讀書重要的道理——學習各種文獻，就是學習前人積累下來的好經驗，學會怎樣待人接物、為人處事，提高自己的水準。

「學習真那麼重要？」子路瞪大眼睛說。

「你不妨先試試。」孔子的態度還是那麼和藹。

子路終於被這位性格溫和、彬彬有禮的大哥所說的話打動了。從這一天起，他半天幹活，半天來孔子這裏學習。後來，他乾脆正式拜孔子為師；孔子也很高興多了一個新學生。在孔子看來，這個新學生本質善良，直率真誠，願意上進，完全可以成為有用之材。

孔子的耐心誘導、教育，使得子路逐漸改變了過去的陋習，懂得了許多做人的道理，培養了判斷是非處理問題的能力，並且和孔子建立了親如兄弟的關係。子路敬愛孔子；孔子信賴子路，推薦子路去魯國執政大臣季康子那裏任職。子路後來又去了衛國，擔任衛國執政大臣孔悝家族的總管家、衛國蒲縣（今河南長垣）的縣令。他德才兼備，忠於職守，頗有治績，堪稱「賢士」。衛國內亂，子路殉職。消息傳來，孔子悲痛不已。

說明

本文根據《荀子·大略》，《史記·仲尼弟子列傳》，《說苑·建本》以及《論衡·率性》中之資料編寫。

15 「你太魯莽了」

子路性格魯莽，孔子沒少教育他。

孔子率子路等離開魯國來到了衛國。

子路問孔子，如果衛國國君委以重任，首先要幹什麼。孔子回答說，首先要做的乃是「正名」（糾正名實不符的情況）。

子路一聽，立刻迸出一句話來：「您太迂腐了！這何必糾正！」

孔子當即指出：「你太魯莽了（野哉，由也）！由啊，對於不明白的事情，不要亂發議論，採取保留態度為好。」

當時諸侯爭霸，禮制崩塌，「君不君，臣不臣，父不父，子不子」；只有糾正政治、倫理方面名實不符的現象，才能人人各安其位，各盡其責，社會秩序才得以恢復良性運轉。

但子路並沒理解孔子的用心。

這僅僅是其中一件事。

孔子周遊列國十四年，四次出入衛國停留近十個年頭，往往要處理不少棘手的問題。子路不理解，便提出質問，出言不遜是常事。

例如——衛國國君最寵幸的夫人南子，征服欲極強。聽說孔子

來到了衛國，很想見見這位大學者，看看他到底是個怎樣的人。一天，他打發人到衛國大夫蘧伯玉的府邸中來，向寄居其間的孔子傳話：「四方的君子蒞臨我國想謁見我國國君的，一定先來見我。先生難道不願意到我這裏來走一趟？我還是能擠出時間來的。」

話說得十分霸氣，令人無法拒絕這份「建議」。孔子犯難了——去嘛，南子名聲不好，傳言她要衛靈公把她的情人宋公子朝接進宮中勾勾搭搭；自己素重德操，怎能去見這樣的女人？不去嘛，人家畢竟是國君的夫人，她發了話，怎好不去；何況來到衛國拜見國君及其夫人也是應盡之禮。

孔子正在猶豫，門外一聲馬嘶。來人發話了：「先生，馬車已經備好，請上車吧！」

孔子已經沒有了選擇的餘地，只得隨來者上車進了宮。

南子早已在宮中等候。孔子進得殿來，只見一幅細葛布的帷帳遮住了視線，帷帳後傳來陣陣環佩的叮噹聲和脂粉的香氣。

「孔丘拜見夫人！」孔子匍匐在地，不敢抬頭，呼吸急促——陌生的環境，惶恐的心情，還有幾分噁心。

「先生不必多禮，請坐。」南子在帷帳後答禮，接著說：「聽說先生來敝國已有些時日了。」

「孔丘未及早拜見國君及夫人，還請恕罪！」

「先生不必客氣。先生是貴客，敝國多有怠慢，請莫見怪。」

接著，南子詢問了寄居蘧府的生活情況。對於會見衛靈公的事，卻隻字未提。孔子見此情況，也不想再說什麼，敷衍幾句，便

告辭出宮。

子路聽說孔子去見南子，滿肚子不高興。怎麼可以去見這種品德不好的女人？難道老師想通過這個女人走後門在衛國謀一個職位？

孔子剛進廳堂，忐忑的心情尚未平靜，子路就進來了。

「老師，您去見南子了？她是什麼樣的人，咱怎能去見她！」

子路哪知道孔子的苦衷。客居他國，有些事由不得自己作主，何況對手是南子這樣不好惹的人。其中詳情，此時此地，人多嘴雜，又不便細說。孔子急了，他述說完進宮的情形後，連聲說：「我若做得不對，老天會拋棄我！老天會拋棄我！」

看到老師這樣，子路只好不再說下去。

此後不久，孔子師徒離開衛國南下。恰逢與衛國毗鄰的晉國發生了一件大事。晉國執政大臣趙鞅要擴展實力，凌駕國君之上，先是打算獨霸衛國進貢的五百戶人家，緊接著又捕殺了堂兄弟趙午，於是引發了中行氏（趙午舅）、范氏（中行氏親家）與趙鞅的爭端。晉國國君晉定公當然支援范、中行氏。周王室以及與晉相鄰的諸侯國（齊、衛、鄭等）也都站在范、中行氏一邊。范、中行氏的家臣、中牟（在今河北邢台、邯鄲間）縣縣令佛肸起兵反對趙鞅對主子的討伐，並邀請孔子師徒去中牟。孔子又一次犯難了。晉國內亂，民怨沸騰；佛肸起兵，好比雪上加霜。「危邦不入、亂邦不居」，是自己一貫的主張，不去當然是對的，但趙鞅野心勃勃，僭越禮制，覬覦國柄，佛肸樹旗，應屬義舉，不能說是背叛。「見危致命」乃是士君子的本分，去也是對的。中牟雖只區區一邑，但只

要堅持自己的主張好好做，也可能成一番事業。

孔子動心了。

正在這時，子路進來了，又是滿臉不高興。

「老師，您要去中牟？佛肸是什麼人？他反對晉國當局，他幹的是壞事。您曾經教導我們，君子不到做壞事的人那裏去。咱為什麼要去謀反者佛肸那裏？」

聽了子路的話，孔子真是哭笑不得。這個子路呀，有想法就往外捅，從不隱藏一點。孔子將自己權衡的經過，細細地說了一遍，最後加重語氣說：「最堅固的東西，怎麼磨也磨不薄；最白的東西，怎麼染也染不黑。我們出來，吃了這麼多苦，不就是為尋求一個施政的機會嗎？現在機會來了，我們為什麼要放棄？我又不是只掛著好看不給人吃的匏瓜！」說著說著，孔子有點激動了。

子路無話可說。

但孔子最後也沒有成行。

子路處事魯莽，有時真令人生氣。但他魯莽裏透著直率，也很可愛。孔子批評他的魯莽，喜歡他的直率，對他的教育十分耐心。

說明

本文根據《論語》之〈子路〉、〈雍也〉、〈陽貨〉，《左傳》「定公十三、十四年」、「哀公元、二、三年」以及《史記・孔子世家》中之資料編寫。

16　子路是勇武之人

　　有人問孔子：「子路是怎樣的人？」孔子說：「他是個勇武之人。在這一點上，我比不上他。」

　　這個評價是對的。但子路又是直率魯莽的人。勇武加上魯莽，就會出亂子。

　　一天，子路佩著長劍從門外進來。人們都知道子路好武功，經常劍不離身。孔子想，這倒是開導子路的好機會。於是，他叫住子路問道：「仲由，你的愛好是什麼？」

　　子路不假思索，脫口而出：「劍哪！」說著話，手還是緊握著劍柄。

　　孔子說：「我知道你長於武功，但如果你多花些時間學習為人處世的學問，豈不更好！」

　　子路不明白，問道：「學問有那麼重要？」

　　孔子耐心解釋道：「人人都需要學習。君主應從忠臣的進諫中學習，否則就會失政；士人應從朋友的規勸中學習，否則就會失德。要想馬兒跑得快，就不能放下馬鞭；要想木頭鋸得直，就不能不使用繩墨。勤學好問，修養品德，辦事才能順暢。你說學習重要

不重要？」

子路還是沒有被說服，他反駁道：「人只要本性好，並不一定要學習。南山上的竹子長得直直的，砍下來可以做成箭，就可以射穿犀牛的皮，這也是事實呀！」

孔子說：「你的比喻並非完全沒有道理。但如果把做成的箭再好好加加工，例如箭尾裝上羽毛，箭頭磨得更鋒利些，豈不射得更遠更深？」

子路被駁倒了，他信服地說：「老師說得對，謝謝老師的教誨。」

孔子不願意子路成為有勇無謀的人，他特別注意督促子路加強學習。

一天，孔子把子路叫過來：「由，來！坐下。」子路恭恭敬敬地坐下，他知道老師有重要的話要跟他說。

「你聽說過這樣的道理嗎？好的事情也可能產生不好的效果。」孔子問道。

「沒聽說過。」子路老老實實地回答。

「好吧，讓我告訴你。」孔子說：「重視修養品德卻不注意學習，就會過於拘泥被人愚弄；重視鍛鍊智力卻不注意學習，就會飄浮耍小聰明；誠實守信但忽略學習，就可能被人利用害了自己；直率但忽略學習，就可能變得尖刻說話傷人；勇武而放棄學習，就可能搗亂闖禍；剛強而放棄學習，就可能膽大妄為。要想辦好事不致產生壞效果一定要加強學習。」

子路知道老師這番話是針對他說的。他誠實守信，憎惡虛偽；他剛直勇武，也人所共知；就是學習方面，花時間少。今後一定要改，不辜負老師諄諄教誨的苦心。

　　孔子注意糾正子路勇武好勝的毛病，不放過任何細節。

　　子路本不講究穿著，即便與身著狐皮袍子的人站在一起，他也不會為自己的破舊棉袍感到羞愧。孔子很讚賞他這種不求奢華的品德，還特地表揚過他。但是，有一天子路盛裝來見孔子，還一臉得意洋洋的樣子。

　　「怎麼！由！你這樣衣冠楚楚，滿臉得意的樣子，是為什麼？你是不是要拒人於千里之外？」孔子毫不客氣地批評子路，非常嚴肅地說：「長江的源頭不過是涓涓細流，到下游的渡口，便成了浩浩蕩蕩的大江，若非兩船並列，而且避開大風，簡直無法渡河。為什麼？因為江水行經數千里，彙聚了眾多河流。人也應該吸納百川、謙虛博大呀！」

　　子路聽了，很不好意思，連忙快步退下，換穿樸素的衣服進來。

　　孔子非常高興，肯定子路知錯必改的做法。當然，光論衣著是不夠的，還必須往深裏開導開導：「由，很好，錯了就改嘛！要知道，把聰明和本事掛在臉上的人，那是小人。君子不能那樣。君子說話，知之為知之，不知為不知；君子辦事，能則能，不能則不能。這才稱得上仁、智兼備呀！」

　　子路謝過老師，離去了。

　　孔子顯出憂慮的神色，對旁邊的學生說：「仲由平日勇武過人，好勝心盛；如不加強學習修養，我真擔心他不會有好的歸宿呀！」

說明

　　本文根據《論語》之〈公冶長〉、〈陽貨〉、〈為政〉、〈子罕〉、〈先進〉，《荀子・子道》，《淮南子・人間訓》以及《說苑・建本》中之資料編寫。

17　　「仲由果斷，從政不難」

　　掌控魯國執政實權的季康子來拜訪孔子。

　　他知道孔子的學生中有不少傑出的人材，想請幾個人去當幫手。他問到了冉求、子貢等人。當問到子路時，孔子的回答非常明確：「仲由果斷，從政不難！」（「由也果，于從政乎何有」）

　　早在孔子任魯國中都宰、大司寇行攝相事期間，子路就開始了他的政治生涯，並初步展露了他辦事幹練、理政果決的潛質。孔子很看重這一點，對子路進行精心培養。他告訴子路，要好好修養品德，認真嚴肅工作，使民眾安居樂業，做一個真正的君子。他送給子路為政「五字訣」：「強」（自強不息）、「勞」（不辭勞苦）、「忠」（忠於職守）、「信」（信守承諾）、「恭」（謙恭有禮）。子路踐履師訓，不敢馬虎，並總結出「三要」（要勤勞刻苦、要不怕犧牲、要安於貧困）的體會。

　　子路要去衛國的蒲邑（今河南長垣）上任了。臨行前他特地去拜見孔子，請老師指點迷津。

　　「蒲邑不好治理呀，那裏多勇武之士！」孔子說。

　　「那該怎麼辦呢？」

　　孔子沈吟片刻，不慌不忙地說：「你要記住三點：待人要謙恭有禮，那麼，即使是勇武之士也會心悅誠服地擁戴你；辦事要寬厚正直，那樣，你的下屬和民眾自然會信賴你敬愛你；執行任務要認真、要廉潔，你的上司肯定會信任你支援你。」

　　子路高高興興地去了蒲邑。

　　他重視農耕，關心民眾。春耕前，為預防水災，他帶領農民修溝渠，工作又苦又累，他組織下屬把飯和茶水送到每個人手裏。他承諾的事，當天就辦，決不拖延。民眾信任他，任何事情都告以實情，為他準確斷案創造了良好的條件。

　　轉眼間，三年過去了。孔子想，子路在蒲邑做得怎麼樣，應該去看一看。於是他帶上子貢，坐上馬車，來到了蒲邑。進入蒲境，只見農民忙於耕地，吆喝牲口的聲音此起彼伏：遠處小山坡上還有人在開墾荒地。孔子下車凝望，看到農民專注而自信的神情，滿意地說：「看來仲由工作認真，取得了民眾的信賴，他們才如此努力耕作。」進得城來，遠遠近近房舍整齊，綠蔭覆蓋，街道乾淨，見不到閒逛的人。孔子臉上露出了笑容：「這是仲由忠於職守，寬厚待人，凝聚民心的結果！否則很難想像民眾會這樣安心盡力建設自己的家園。」來到子路住所前，大門敞開，院子裏卻沒有一個人。子路不知道老師突然來到，忙他的事去了；其餘人員，各忙自己的事：這都是意料之中的事情。奇怪的是，竟不見任何人來投訴告狀，子貢牽著馬韁繩還在發愣，孔子卻高興得笑了起來：「好呀！仲由理事得當，斷案準確，所以沒有人來打擾他呀！」

孔子入蒲，還沒見到子路，就連連誇獎子路政績的消息，很快傳了開來。很多人都知道子路是一個能幹而守信的好官。

　　孔子六十八歲那年回到了他的故國，子路也隨孔子同行，不過他仍沒有辭去蒲邑令的職務。小邾國一個名叫射的官員來投奔魯國，指名要見子路：「只要仲由表個態，我們連盟約都可以不簽。」季康子居然還讓子路去處理這件事情。當然，重視忠義的子路是不同意去見一個不忠不義的叛國者的。不過這也說明，子路誠信理政，稱得上美名遠揚了。

說明

　　本文根據《論語》之〈雍也〉、〈憲問〉、〈顏回〉，《史記‧仲尼弟子列傳》，《說苑》之〈雜言〉、〈臣術〉中之資料以及《韓詩外傳》卷六第四章、卷二第二十五章編寫。

18 木棍撞鐘能撞響嗎？

孔子精心培養子路；子路也十分尊敬孔子，他聆聽老師的教誨，對老師的思想，理解越來越深。

　　　　　※　　　　　　　　　※　　　　　　　　　※

孔子師徒終於來到了負函，得到該地行政長官沈諸梁的安排住了下來。沈諸梁的采邑在葉城，有時也邀請孔子去葉城。一天，孔子從葉城返回負函，來到一條河邊，卻不知道渡口在哪裏。大家遇到麻煩了。

「老師，那邊有人，我們何不去打聽一下。」子路發現遠處有人在耕地。

「你快去問！」孔子說。

子路立刻快步跑去。

兩位耕者紅光滿面、銀髯飄拂，精神矍鑠。瞥見有人來，頭也不抬，只顧自己吆喝牛耕地。

子路顧不得許多，喘息未定，便拱手問道：「兩位前輩，我們要過河，請告訴我渡口在哪裏。」

一位老者側轉臉看看子路急匆匆的樣子，隨口問道：「車上的

人是誰？」

「是孔丘。」子路答道。

「是魯國的孔丘嗎？」老者追問道。

「是！」

「那他一定知道渡口在哪裏了，還來問什麼！」說完便不再理睬子路。

子路碰了釘子，只好去問另一位老者。這一位似乎態度稍稍好一些，他停下活來問道：「你是誰？」

「我是仲由。」

「是魯國孔丘的門徒嗎？」子路與那一位老者的對話，大概他都聽到了。

「是！」子路一邊回答，一邊想，這些人怎麼對老師如此不禮貌。這裏還沒想明白，那裏的教訓就已經開腔了：

「現在壞人像洪水一樣遍地橫流，你們找什麼人去鬧改革？」這位老人說話也不含糊，口氣像鐵一樣硬，像針一樣刺人。「你們的老師不願跟壞人打交道；我們不同，我們要完全脫離這齷齪的社會，過我們自己的日子。」老者稍稍停頓了一下，又接著說：「我看你還不如跟我們來生活，跟著你們的老師去幹那辦不到的事有什麼意思！」

子路聽了這話，覺得很不是滋味，但又無法辯駁。猛地他腦子裏湧現出一個畫面：前幾年他在魯國的石門遇見一位守門人。那人問道：「你從哪裏來？」他答道：「從孔家來。」「孔家？就是那

個明知辦不到卻偏要去幹的孔丘的家嗎？」——怎麼這些人都是這樣不理解老師？他們是些什麼人？

子路滿臉狐疑回到孔子那裏，敘述了剛才的經過。孔子悵惘地說：「人不能與鳥獸結伴。我們沒法脫離社會，只能與人為伍。如果天下太平，我就不必與你們一道來設法改變現狀了。」

學生們聽了，連連點頭稱是。子路對孔子的苦心，也多了幾分理解。

　　　　　　　※　　　　　　　　　※　　　　　　　　　※

又有一天，師徒匆匆趕路，子路為張羅雜務而脫了隊。

遠遠走來一位老人，用拐杖挑著除草的工具。子路連忙上前施禮相問：「老人家，您看見我的老師了嗎？」

老人白了子路一眼說：「你是什麼人！像你這樣四體不勤、五穀不分的人，誰知道你的老師是誰！」說完，把拐杖往地上一插，只顧去鋤他的草。

子路被搶白了一頓，不知說什麼好。看看這位老人，只見他身板硬朗，動作快捷不亞於年輕人；心想，莫非他也是上回所見那樣的老者？想著想著，不免緊張起來。他不敢怠慢，拱手恭立一旁，希望老人提示他一點線索。

太陽西斜，寒鴉歸巢，晚風吹來，子路忍不住打了一個冷顫。老人停了下來，抬頭看看天，轉身對子路說：「天色已晚，看來你也沒法趕路了，暫且去我家住一宿吧！」

子路跟隨老人進了他的家。這是兩間茅舍，簡單的桌椅和幾件

農具，收拾得乾淨整齊。房前一個小院，兩個年輕人正在忙碌。老人叫他們進來見過客人，說：「這是犬子。」說罷，吩咐他們去殺雞做飯。

子路和老人閒聊，老人答話不多，他眉宇間的冷峻和話語裏的睿智令子路困惑和驚異。

第二天一大早，子路謝過老人急忙上路。他終於趕上了隊伍，並且向孔子報告了所見老人的情況。

「這是一位不尋常的隱士，他一定有大智慧，你應該回去向他請教。」孔子說。

子路立即返回。誰知人和農具全都不見，只剩下空空的茅舍。主人似乎已經搬家了。

聽完子路掃興而歸的彙報，孔子嘆息道：「他是不願意被世人打擾啊！」

幾年來所見怪異的人和事，在子路腦子裏一一閃過：石門的守門人、兩位耕地的老者、昨天那鋤草的老人……他若有所思——終於向孔子說出了自己不斷揣摩的結果：「老師！他們不問仕進是錯誤的。他們講究家庭倫理，卻不顧君臣大義，有道理嗎？只圖潔身自好，全不考慮君臣間應有的關係，逃避社會隱居起來，我看不對。士人求出仕，是盡君子應盡之責。正確的主張行不通，我們早就預料到了。難道行不通就不做了嗎？」

孔子微笑著，向子路投去嘉許的目光。這個本來粗野魯莽的學生現在完全成熟了，他與自己的心完全融合在一起。

　　　　※　　　　　　　※　　　　　　　※

　　隨著對孔子思想理解的不斷加深，子路更加自覺地捍衛孔子。

　　據說，有一次，晉國實權的掌控者趙襄子質問孔子：「先生曾拜見過七十位國君謀求施政的機會，但都不順利。是世上沒有明君，還是先生的主張本來就行不通呢？」孔子聽出了對方話裏嘲諷的意味，不予回答。

　　趙襄子還不死心，又去找子路，把對孔子說過的話重述一遍後說：「如果老先生知道情況卻不回答我，是故意隱瞞。故意隱瞞不施教誨，算什麼仁德？如果真的不知道原因，那他豈不枉稱聖人！」

　　子路一肚子火幾乎要爆炸。這是挑釁！豈能容忍任何人如此刁難和羞辱老師！但他想起了老師的教導，跟對手打交道，不能像空手鬥猛虎、徒步涉大江那樣有勇無謀。應該用智慧，要講究策略。於是他平息一下自己的心情，不緊不慢地說：「天下有一口最好的大鐘，用木棍去碰撞，只能發出輕微的聲音——木棍撞鐘，鐘難以鳴響，這是誰都明白的簡單道理。你用這樣的方式提這樣的問題，不是在幹木棍撞鐘的無聊事嗎？」

　　趙襄子無話可說，臉上一陣紅一陣白。

　　這件事的真實性尚待考證，但子路對孔子的忠誠是無可質疑的。孔子自己也說過：「自吾得由，惡言不聞於耳。」（《史記‧仲尼弟子列傳》）

說明

　　本文根據《論語》之〈憲問〉、〈微子〉、〈述而〉中之資料
編寫；並參考《說苑‧善說》，但劉向記此條為子路駁趙襄子，而
據《史記‧趙世家》，「晉出公十七年，簡子卒，太子毋恤代之，
是為襄子。」「襄子立三十三年卒。」故襄子（前457-前425）時，
孔子已卒（前479），此條之襄子疑為簡子。

19　子路之死

　　西元前480年，衛國的國君衛出公輒享受著他祖父衛靈公治國的成果，陶醉在平靜悠閒的日子裏。記得十六年前孔子率子路、冉求、顏回、子貢等學生初次來衛國的情景。冉求駕駛馬車，孔子向車窗外眺望：春風拂面，大地甦醒，田野上歌聲應和，農夫們忙於春耕。進濮陽城後，只見行人熙熙攘攘，肩摩袂接。孔子情不自禁地讚嘆道：「人真多啊！」

　　思維敏捷的冉求立即接過話題向孔子請教：「老師，衛國這樣的情況該如何進一步治理呢？」

　　孔子不假思索地說：「應該讓百姓過上富裕的生活，還要施以教化，改變他們的精神面貌。」

　　如今，衛靈公早已逝世，衛出公輒繼位也將近十二個年頭。誰能料到，山雨欲來風滿樓，政變的烏雲已經出現在都城上空，壓到了衛出公的頭頂上。

　　原來因得罪母親南子出走晉國的太子蒯聵，時刻不忘奪回兒子輒據有的君位。他與姐姐（衛靈公之女、衛國執政大臣孔悝之母）派來的使者渾良夫（孔悝之母的情人）合謀後潛回衛都，裝扮成女

人住進姐姐府內，並逼迫外甥孔悝一道發動政變。為保證計劃的實施不發生意外，便挾持孔悝關在孔府的樓台內。頃刻間，烏雲滿天，雷電大作，衛出公的命運危在旦夕。

　　孔悝的家臣欒寧聞訊，立即親自駕車保護衛出公逃出衛境，避難魯國。同時連夜派人通知子路來濮陽援救孔悝。

　　這時子路正在蒲縣（今河南長垣）。前些年，他並沒有隨孔子返魯，而是繼續留任蒲縣縣令。聽到主子孔悝蒙難，他立即帶上隨身武器，快馬加鞭，趕往濮陽。到達濮陽城外時，恰與從城內倉皇出逃的師弟高柴相遇。高柴字子羔，時任衛國刑獄之官；雖比子路小二十一歲，但為人直率，與性格相同的子路十分投緣。見眼前形勢危急，他極力勸阻：「師兄，城門要關了，危險得很，你千萬別進去！」子路十分堅定地說：「不！我要進去看看！」子羔說：「來不及了，進去也是送死。」子路說：「我拿了人家的俸祿，不能見死不救！」說罷，便闖進城去。高柴只得自己逃命。

　　說話間，子路來到了孔府門前，把門的是孔悝的家臣公孫敢。公孫敢見子路到來，連忙上前攔阻道：「別進去了！沒用的——主人已經跟太子簽訂盟約了！」子路冷笑道：「你是公孫敢吧！主人遭難，你可以為了個人私利逃避不管；我辦不到！我拿了人家的俸祿，一定要去救他！」這時正好有人從府裏出來，子路當即奪門而入，奔到太子挾持孔悝的樓台下大聲喊道：「太子，你不要抓孔悝！即使你殺了孔悝，你也反不成！還會有人跟你決戰到底的！」喊了半天，不見任何回應。子路急中生智，佯裝命令部屬：「你們

放火，把這樓台燒了！太子膽小，只要火起，他一定會放人。」太子的確膽小，他一直躲在樓台的角落裏，動都不敢動。聽到子路說要放火，非常害怕，忙叫隨從的武將下去阻止子路。這些武將全副武裝；子路臨行匆忙，沒戴頭盔，也沒穿鎧甲。對手揮戈猛攻過來，擊中子路的帽子，砍斷了帽帶。子路一面大叫「君子雖死也不能掉了帽子」，一面繫帽帶，被對方亂刀砍死，鮮血四濺，終年六十二歲。

衛國宮廷政變，魯國人很快就知道了。孔子想到兩個在衛國任職的弟子，十分憂慮地說：「高柴也許能逃得了，子路只怕很難躲過這場劫難！」他忐忑不安，在廳堂上來回地走，預感將有大禍臨頭。不一會兒，果然有人來報告子路殉職的消息，孔子不禁失聲痛哭起來。孔子回國才三年多，接連痛失愛子孔鯉和得意門生顏回，如今子路又遭慘禍，他對天呼叫：「老天哪！你這是砍斷了我的左膀右臂啊！」鄰居和親友接連前來慰問，孔子一一依禮答謝。心情稍稍平靜後，孔子召使者進來詢問子路被害的詳細情況。家人見孔子不思茶飯，怕他餓壞了身子，送上炸肉醬和麵條，勸他進食。當使者說到子路死於亂刀砍殺之下時，桌上那碗肉醬頓時幻化成子路血肉模糊的樣子。孔子淚流滿面，命家人把肉醬倒掉。從此孔子一病不起。第二年四月，這位大教育家、大思想家撒下他心愛的學生們與世長辭，追隨子路等的亡靈去了。

（說）（明）

　　本文根據《論語‧子路》，《左傳》「哀公十五年」以及《禮記‧檀弓上》之資料編寫。

20　嚴師出高徒

　　宰予是孔子的優秀學生。他能言善辯，得到孔子肯定；他辦事能幹，也為人所公認。他的成就有賴於孔子的嚴格要求。

　　一天，宰予白天睡覺。在孔子看來，這是無法容忍的事情。比起顏回等刻苦的學生來，實在太不像話。孔子嚴厲地訓斥開了：「腐朽的木頭沒法雕刻，糞土似的牆壁沒法粉刷。予呀！予呀！我說你什麼好呢！」事後，孔子又說：「從前，我聽到人說什麼就相信他一定會去做；現在，我可得觀察他是否有實際行動了。是宰予的表現改變了我的觀點。」

　　其實，孔子並沒有放棄對宰予的幫助。宰予某些說法不妥，孔子就立即指出。魯哀公問宰予，給土地神立牌位用什麼木頭好。宰予說：「夏代用松木；商代用柏木；周代用栗木，取使民眾戰戰慄慄的意思。」孔子主張德治，反對專施刑獄，他討厭「使民戰慄」這種說法，當他知道宰予的答案後，就對宰予說：「過去的事就不要說了，過去就過去了嘛，不必再提它。」

　　宰予問孔子：「如果告訴一個有仁德之心的人，井裏掉下一位仁人。他會不會就跟著下井呢？」

孔子知道宰予的意思——既然仁者「殺身成仁」，那麼他就應該不問真相不顧一切拯救危在旦夕的好人。如果宰予現實生活中真這樣對待有仁德之心的人，那就太過分了。於是孔子嚴肅地告誡道：「你怎麼可以這樣說呢？對於君子，我們應當愛護它——可以叫他遠離危患，卻不可陷害他；可以出於善意說幾句謊話，卻不可愚弄他。」

　　其實孔子很喜歡學生提出不同意見。對話、討論甚至爭辯，不只能加深理解，增長學識；還可以溝通感情，建立互信。

　　按古禮規定，子女要為父母的去世守孝三年。宰予認為不妥，可以改一改。他說：「老師！守孝三年的期限未免太長。三年不司禮儀，禮儀就會廢掉；三年不奏樂曲，樂曲就會失傳。三年的時間，舊穀都吃完了，新穀又登場了。一年也夠了嘛！」

　　孔子反問：「父母過世還不到三年，你就吃白米飯，穿花緞衣，你心安嗎？」

　　宰予說：「心安呀！」

　　孔子說：「既然心安，那你就去做好了！」

　　宰予見老師動了感情，不好再說什麼，便出去了。

　　孔子意猶未盡，接著又對室內的學生說：「予太缺乏孝心。兒女生下來，

三年才能離開父母的懷抱，所以天下人都認同守孝三年的規定。予難道沒得到過父母懷抱三年的愛撫嗎？」

儘管孔子批評宰予十分嚴厲，然而對宰予的工作能力，他還是很欣賞的。他曾讓宰予去齊、楚兩國辦事。宰予在楚國期間，楚昭王打算送給孔子一輛華麗的馬車。宰予知道了立即對楚昭王說：「我的老師說話不離道義，做事不背仁德；他以實現理想天下大治為樂，並且十分專注於品德的自我磨礪。豔麗的用具、妖冶的樂舞，他都見如不見，聞似未聞。您這樣貴重的禮物，他肯定不會接受。」就這樣，宰予替孔子拒絕了楚昭王的饋贈。

宰予與孔子的心是相通的。

孔子周遊列國，宰予緊緊相隨；孔子斷糧於陳、蔡之間，宰予也餓得難受。他崇敬孔子，說：「我們的老師，比堯舜強多了！」

楚國大臣令尹子西對楚昭王說：「您的官員有像宰予那樣能幹的嗎？」「沒有。」楚昭王同意這種看法。

宰予是在孔子的嚴格要求下成長起來的。這就叫，嚴師出高徒。

說明

本文根據《論語》之〈公冶長〉、〈八佾〉、〈雍也〉、〈衛靈公〉、〈陽貨〉，《孟子‧公孫丑上》，《呂氏春秋‧慎人》，《史記‧孔子世家》以及《孔叢子‧記義》中之資料編寫。

21　終生學習，樂在其中

　　孔子正在廳堂裏讀書，子貢進來了，一副欲言又止的樣子。

　　「賜！有事嗎？」孔子示意子貢坐下。

　　「老師！」子貢支支吾吾地說：「弟子跟隨您多年，感到精力疲憊，厭倦學習，想休息一下。」

　　孔子素知子貢學習熱情不如顏回等學生高，但沒料到他竟會提出輟學的要求。孔子想了一下，問道：「那你打算去幹什麼呢？」

　　子貢說：「我想從政，去侍奉國君。」

　　孔子說：「你不記得這樣的詩句嗎？『日夜工作不鬆懈，全心全意侍君王』。從政遠非易事，不學習不行呀！」

　　子貢說：「那我去伺候雙親，當個孝子算了。」

　　孔子說：「有詩云：『孝子盡孝，無窮無盡；上天庇佑，家齊有方。』侍奉雙親要做的事很多，決不能停止學習。」

　　子貢說：「那我去照顧妻子和弟兄吧！」

　　孔子說：「照顧妻子和弟兄應該達到詩歌描繪的那樣的境界：『魚水相諧夫妻情，如同鼓瑟又彈琴，兄弟和睦情誼深，團聚安樂喜盈盈。』創造這樣的境界，不時刻抓緊學習行嗎？」

子貢說：「那我去幫助朋友算了！」

孔子說：「幫助朋友是為了共創事業的輝煌。詩歌說得好：『朋友互助，首在祭禮，謹守儀規。』祭禮和其他的禮制儀規都需要認真學習。」

子貢說：「實在不行，那我就回家種地當農民。」

孔子說：「務農很辛苦，農耕有規律，還是要好好學習。聽聽詩歌怎麼說：『白天出外割芽草，晚上絞繩打通宵。趕快修補你的房，開春又是播種忙。』」

子貢似乎有些失望，嘆了一口氣說：「這麼說，我就沒有機會停止學習了！」

孔子把子貢帶到門外高處，指著遠方的墳墓說：「你看見那座墳墓了嗎？它的土堆得高高的，簡直像座小山，看到它你就知道我們什麼時候可以終止學習了。」停了一會孔子接著說：「常言道，活到老學到老，永遠也不要放棄。其實，學習也有樂趣。如果把讀書比做觀賞風景，我會盡情觀看沿路景物，直到曲徑通幽處──前有高高的河岸，後有深深的峽谷，我久久佇立，吸一口清涼的空氣，沁人心脾。沒有犬吠，沒有雞鳴，在一片寂靜之中卻似乎聽到了天籟之音，我與自然景物融合為一了。學習也一樣，當你的心融入到學習內容中時，你不但與古聖先賢思想產生共鳴，而且會享受到無窮的樂趣。記住吧！終生學習，樂在其中。」

說明

　　本文根據《荀子・大略》中之資料以及《韓詩外傳》卷二第二十九章、卷八第二十三章編寫。

22 「端木賜通達，從政不難」

魯國執政大臣季康子向孔子打聽子貢的施政能力。孔子十分瞭解自己的學生，也十分希望他們能夠獲得實現抱負的機會，因此回答非常乾脆：「端木賜通達，從政不難。」

事實的確如此。

子貢被委派為信陽（在今河南境內）縣令。臨行前，他向孔子請教施政之道。孔子叮囑他：「一要身體力行，勤奮工作；二要順從民意，把握時機，依時行事；三要實施德政，不施暴，不盜取。」

子貢一面聽，一面想，這些都是老師一貫的主張，自己一向都很贊同；惟有「不盜取」的訓誡令人想不通。難道自己身為一邑之長，還會去「盜取」民財？

子貢忍不住說出了自己的想法。

孔子笑了：「你以為只有劫奪民財才是『盜取』嗎？把人家的成績說成自

己的那也是『盜取』。要知道，隱瞞人家的成績，叫做『蔽賢』；宣揚別人的不足，那是小人幹的事。多說別人的成績，既利人又不損己；反之，則既損人又不利己。所以，你出任一邑之長，務必出言謹慎，不該說的話萬萬不要說，可說可不說的也不必說。」

子貢知道這是老師對症下藥的肺腑之言，頻頻點頭稱是：「老師！我記住了！」

子貢滿懷信心地上任去了。

他思維敏捷，辦事靈活，從政後一切得心應手，在涉外事務方面表現尤為突出。

※　　　　　　※　　　　　　※

子貢的外交才能在他當學生時就已初露鋒芒。當年孔子師徒絕糧陳、蔡之間，是子貢南下說服楚昭王派人來迎接，才解了圍。他從政後又多次幫魯國解決了外交上的難題。

西元前488年（魯哀公七年），勢力強大的吳國以「百牢之禮」脅迫宋國結盟後，又向魯國提出了同樣的要求。盟會地點定在鄫（今山東棗莊東），魯哀公親自前往。吳國人說：「你們應當用牛、羊、豬各百頭來宴饗我們（按，即行『百牢之禮』）！」根據周天子制訂的禮法，宴饗的最高規格是「十二牢」。魯哀公派人據理力爭，吳國還是不同意。屈服於對方的威勢，哀公只好從命。緊接著，吳國的太宰嚭又要魯執政大臣季康子也來參加宴饗。季康子認為這太過分，派子貢前去推辭。太宰嚭見只有子貢前來，沒有季康子的影子，很是生氣——我吳國即將稱霸中原，我這個太宰又是

這霸主之國的百官之長，你小小的魯國居然敢不聽我的話！何況你季康子不過是竊取國柄的僭越之臣！這口氣叫我怎麼嚥得下去！他氣勢洶洶地說：「我們的國君迢迢千里都來了，你們的大臣這麼近卻不來，這合禮法嗎？」

子貢不慌不忙地說：「太宰請息怒！這整件事都談不上禮法，我們只是畏懼貴國而已。說到禮法，恐怕大國應當率先遵守，給他國做出榜樣。當年貴國太伯初到吳地，穿著周統一以前的禮服，這似乎很難說合乎禮法；繼承太伯之位的仲雍更是效法蠻夷之人斷髮紋身，赤裸身子，恐怕更難說合乎禮法了。我想太伯和仲雍也有他們的苦衷，是不得已而為之的吧！其實誰都有不得已而為之的時候，既然我國國君都已經來了，季康子又怎能扔下國內的事不管呢！太宰就不要為難他了吧！」

子貢的話不卑不亢，合情合理；太宰嚭只好收回成命。

事隔五年，吳王夫差又令魯哀公去吳國的橐皋（在今安徽巢縣西北）相會，並派太宰伯嚭提出當年鄫地盟會時的老話題——以「百牢之禮」宴饗，並召見季康子。魯哀公不同意，派子貢前去回覆。

這一回，子貢的說辭同樣柔中有剛，無懈可擊：「訂立盟約為的是鞏固信守，也是十分神聖的事，盟誓時獻上玉帛，請神靈明察；雙方誦讀盟辭，並銘記在心，永遠遵守。我國國君認為兩國一旦結了盟約，那就是百年不易之舉；否則即使每天結一次盟約，那也無濟於事。現在您提出要重新審察當年的盟約，已成文並經雙方

盟誓的約定如果可以重新審察，那就意味著它並非神聖不可顛覆的東西，這樣的盟約要它又有什麼用？重提過去的事未免多此一舉，我看就算了吧！」

太宰伯嚭自知理屈，只得不了了之。

子貢一次又一次幫助魯國解了圍，在與吳國交往中掙回了面子。

十五年後，越國打敗吳國，北上稱霸，與魯國在平陽（今山東鄒縣西）盟會，要奪取魯國曾經佔領的邾國的田土，重新劃界，氣勢逼人。魯國竟無力抗拒。季康子長嘆道：「端木賜已經離開了我國；若有他在，我們今天怎麼會輸得這樣慘！」

根據司馬遷的記載，子貢在衛國、魯國都做過大官，還去過曹國。他為魯國所做的這些事情，發生在他擔任信陽縣令期間還是之後，尚待考證。不過它們確實印證了孔子的論斷：「端木賜通達，從政不難。」

説明

本文根據《論語·雍也》，《左傳》「哀公七、十二、二十七年」，《史記》之〈孔子世家〉、〈仲尼弟子列傳〉、〈貨殖列傳〉以及《說苑·政理》中之資料編寫。

23　眞誠的守護

　　孔子器重子貢；子貢也崇敬孔子，稱他為有史以來第一位大聖人。他走到哪裏，就把這樣的想法宣講到那裏。

　　然而當時還有人並沒有認識到孔子的偉大，甚至對孔子還有一些誤解。

　　他們見到子貢就問：「你的老師為人怎樣？他真有那麼好？」吳國太宰伯嚭、晉國執政大臣趙簡子以及齊國國君景公都提過這樣的問題。子貢的回答是他們萬萬沒有想到的：

　　「我不知道！」

　　「你不知道？」對方瞪大了眼睛，「你跟隨孔子這麼多年，怎能說不知道！」

　　子貢十分認真地說：「我的老師好比森林和海洋。人們到大森林裏砍伐自己所需要的一棵樹使用，到大海裏捧飲一口水止渴，難道人們說得清森林有多大，海洋有多廣闊？我長年受教於老師，每次聆聽他的教誨，都像是喝了大海裏的一口水；我哪裏說得出海洋究竟有多麼廣闊！」

　　「但是你常說你的老師是聖人，是不是太誇張了？」

「不！一點也不誇張，我只怕說得還不夠。老師的偉大和崇高，天生如此，無須誇張。泰山那麼高，我加上一捧土，能增加它多少高度？我挖走一捧土，又能降低它多少高度？」

也有人故意挑剔。魯國大夫叔孫武孫多次散佈這樣的話：「子貢比他老師強多了。」

子貢聽了，非常生氣：「太荒謬了！我怎麼可能比老師強！若拿房屋打比方，我的圍牆只齊肩高，誰都可以從牆外看清牆內的一切建築；老師的圍牆有好幾丈高，誰也別想從牆外探測到牆內的任何情形。別人的『強』只不過是小山丘，任何人都有可能跨越。老師的品德和學識如日月般光耀。日月當空，普照大地。如果有人妄圖拒絕它，詆毀它，那只表明他自不量力，難道能損傷日月一絲一毫的光輝！」

一個名叫陳子禽的人說：「你這樣誇讚你的老師，也許是你的謙虛吧！」

子貢嚴肅地說：「你錯了！君子說話是要負責任的。我對我說過的每一個字負絕對責任。任何人都無法趕上我的老師。他是我們頭上的天，你能蹬著梯子爬上天去嗎？他如果領導一個國家，一定能凝聚民眾團結一心，自立奮進，建設好家園。」

子貢說得非常激動，這是他的肺腑之言。他以自己的全部情感、全部智慧，乃至整個生命，真誠地守護著孔子。

孔子病了。他禁不起近幾年來愛子孔鯉、得意門生顏回、子路相繼去世的嚴重打擊。

　　西元前479年，孔子病重。子貢聞訊從遠方趕回來，見孔子一手扶門，一手拄棍，憔悴而衰弱，子貢十分心痛，連忙上前施禮。孔子顫聲說：「賜呀！你怎麼這時才來！」子貢扶孔子進廳堂坐下，只聽孔子低聲吟唱道：

　　「泰山要崩塌了，

　　梁柱要摧折了，

　　哲人，頹萎了！」

　　子貢跪下，低頭哽咽。他不敢抬頭看自己的恩師。

　　待心情稍稍平靜後，孔子嘆息道：「天下無道，我的主張很久沒人相信了。」過了一會，他似乎在自言自語：「夏人的靈柩停在東階上，周人的靈柩停在西階上，殷人的靈柩停在兩根廊柱中間。昨晚我夢見自己坐在兩柱間，我的祖先就是殷人嘛！」

　　一種不祥的感覺湧上心頭，子貢忍不住淚流滿面。

　　七天以後，孔子去世了。

　　弟子們按古制為孔子舉行了隆重的葬禮，並守孝三年。三年後他們在孔子墓前跪拜，相對哭別；為了對恩師的悼念，為了超越骨肉的同窗情誼。惟有子貢留下來，在臨時搭建的房屋裏繼續守墓。

　　一年過去了。

　　新的一年，夏曆二月，墓旁新植的松柏高齊人肩。子貢除掉墓旁雜草，給孔子墓培上新土，點上香，擺上供品，跪拜祭祀，請上天保佑老師英靈安息。

　　第四年，還是夏曆二月，墳墓周圍的松柏鬱鬱蔥蔥。子貢繼續

他每日的工作，除掉雜草，培上新土，陳設祭品，跪拜祭祀。他默默地念誦著：「老師！我要走了，我要遊走天下，向世人宣講您的學說，將您的思想光大於天下。我的心永遠守護著您，永遠守護著您。」

微風吹過，樹葉籟籟作響，應和著他的話語。墓地一片靜寂，天地傾聽著，銘記下他真誠的思念。

說明

本文據《論語》之〈公冶長〉、〈子張〉，《孟子·公孫丑上》，《史記·孔子世家》以及《說苑·善說》中之資料編寫。

24 經商也在宣揚夫子之道

　　子貢跟隨孔子期間，還兼做買賣；即使從政以後，也未嘗中斷。對此，孔子也有評論：「顏回的道德、學問修養得相當不錯，可是窮得毫無辦法。子貢不受官府之命，自酬資金買賤賣貴，預測行情，往往命中。」這番話裏褒揚的成分相當明顯。因為孔子主張「見利思義」、「無見小利」，追求道義制約下合乎公眾利益的大利——正當的經商，他並不反對。

　　孔子與子貢有一次關於把握機遇的對話。子貢問：「一塊美玉，是珍藏在匣子裏呢，還是找識貨的商人賣掉它呢？」

　　孔子立刻回答：「賣掉！賣掉！我就是在等識貨的人。」把握時機實現理想竟以買賣為喻，可見孔子頭腦裏並不排斥正當的交易。

　　據《史記》記載，子貢在衛國做官期間，曾奔走曹、魯兩國間做生意，賺了很多錢，「家累千金」，「富比陶朱」。陶朱公（范蠡）是春秋時期著名的富商，他「十九年之中三致千金」，子孫承繼他的事業，家產上億。將子貢與范蠡相比，可見他的富有達到了怎樣的程度。

一天，馬蹄「得得」的響聲傳進了一條偏僻的小巷，一輛華麗的馬車在一所普通的房屋門前停下，走下車的人是子貢，子貢看望他的師弟原憲來了。孔子去世後，原憲一直隱居陋巷，誦讀詩書，生活十分拮据。子貢富了，想對師弟有所幫助。

　　聽到門外的聲音，原憲頗感意外──有誰會光顧我這樣的地方呢？他開門一看，原來是子貢。他忙請師兄進屋。子貢進門後，見室內一無長物，冷冷清清；再看原憲，破衣破帽，哆哆嗦嗦，忍不住問道：「師弟，你病了嗎？」

　　原憲正色作答：「我聽說，沒錢叫窮；接受了正道卻不實行叫做病；我這是窮，不是病。」

　　子貢聽出了原憲的話外音，他在嘲諷自己經商背離了夫子之道。他哪裏知道自己遊走各國與達官貴人們談論生意經的同時，一直在宣講孔子的主張。後來司馬遷在介紹子貢這番經歷的時候，曾經這樣說過：「使得孔子名揚天下，子貢是出了大力的。」

　　子貢雖不想計較師弟的話，但總有些不快。說了一會兒話，便起身告辭。他在心裏默默地說：「師弟，你怎麼知道我一直不忘宣揚夫子之道呀！」

　　儒家主張入世，「窮則獨善其身，

達則兼善天下」（《孟子‧盡心上》）；「窮獨」正是為了「達兼」。亂世修養心性保持名節積累學識傳播儒說，不過是蓄勢待發之舉。封建時代士人實現安民利民天下大治的理想，可行性強為時人公認的途徑便是出仕。子貢利用外交積累起來的聲譽結合經商傳揚儒道，與主流途徑殊途同歸，也無可厚非。倒是像原憲這樣，夫子辭世後便隱居起來只顧讀自己的書，將社會責任扔在一邊，實在不值得仿效了。

說明

　　本文根據《論語》之〈先進〉、〈子罕〉、〈子路〉、〈憲問〉，《史記》之〈仲尼弟子列傳〉、〈貨殖列傳〉中之資料編寫。

25　子賤真是君子

　　子賤回來看望老師了。

　　孔子早就聽他的學生巫馬期說，在單父任縣長的子賤理政有方政績斐然。巫馬期也曾治理過單父，他披星戴月夜以繼日工作，才把紛繁的政事理出個頭緒；而子賤身不下公堂，彈著琴奏著樂就把事辦好了，很令巫馬期佩服。孔子沒料到子賤如此能幹，這回定要好好聊聊。

　　子賤施禮完畢，孔子直奔主題：「聽說你把單父治理得很好，民眾都很親附你，你用什麼方法取得這麼好的成績呢？」子賤謝過孔子的誇獎，謙虛地說：「學生的努力目前只不過小見成效而已。老師的教導學生一直牢記在心：『修己以敬』，『修己以安百姓』——學生時常開倉發糧，周濟窮人，不讓百姓挨餓。」孔子說：「不錯！但這只能讓百姓歸附你，你還做了些什麼呢？」子賤說：「我賞罰分明，重用賢能，斥退不稱職的官吏。」孔子說：「很好！但這只能獲得士人擁戴，你一定還有更好的舉措。」子賤說：「我有許多好朋友。其中三人，我尊重他們如同父輩；另有五人，我事奉他們就像兄長；有十二個人是我的摯友，我對他們推心置

腹,還有一個人,我事事以他為師……」

孔子高興地打斷子賤的話說:「太好了!你用自己的行動教導民眾行孝悌之道,你從眾多摯友那裏獲取多方面資訊,可免閉目塞聽之弊;你以優秀的長者為師,就可以慎重決策,減少失誤。過去堯舜也是如此修養自身品德,廣招賢德之士。可惜你只是管理一個小小的單父,若委你以重任,你成就的功業也許不亞於堯舜呢!」

原來孔子以德治國的主張包括「正己」和教化民眾以及創造條件使民眾富裕起來等方面,所有這些要放手讓德才兼備的下屬去做,不必事事躬親,這就叫「無為而治」。子賤正是這樣做了,因而獲得「仁愛,有才智」的美譽。

子賤的工作得到了孔子的肯定,高高興興地回單父去了。

子賤走後,孔子對他身邊的學生說:「不齊善於發揚他周圍德才兼備的君子之所長,還注意學習他們完善自身:不齊真是君子呀!」(子賤是字號,他姓宓,名不齊)。

說明

本文根據《論語》之〈衛靈公〉、〈子路〉、〈公冶長〉,《孔子家語‧七十二弟子解》中之資料及《韓詩外傳》卷二第二十四章、卷八第十章編寫。

26 選誰做女婿？

「夫子要嫁女兒了！」

「他一定選了個好女婿吧！」

人們奔走相告，孔子要辦喜事哩！他選的女婿一定是品學出眾的人才吧！不知誰得到消息，孔子相中的是他的學生公冶長。公冶長？他可是蹲過大獄的呀！孔子不是害了自己的女兒嗎？有人發話了：「你瞎操什麼心？夫子是有大學問的人，他能選錯了？」大家想想也是，但有人還是不放心，硬要去勸阻。孔子的回答卻十分簡明：「他是坐過牢，但那不是他的罪過。」

公冶長有什麼冤屈，他哪些地方出眾得到孔子的欣賞，史籍並無記載。後人作了些猜測，編出些理由，也都不可信。根據現有的資料，我們可以斷定的是：孔子看人，重在實質，而不是表面現象，他絕不是隨便拉一個人做女婿。

孔子把他同父異母的哥哥孟皮的女兒嫁給學生南宮适，也可以證明這一點。孔子從多方面考察了南宮适。

一天，院子裏傳來琅琅的誦詩聲。孔子仔細一聽，原來是南宮适在誦讀《詩·大雅·抑》中的句子：「白圭之玷，尚可磨也；斯言之玷，不可為也。」《抑》是周朝一位老臣諷諫周厲王的長詩。

這幾句的意思是說，白玉上的污點可以磨掉，話說錯了造成負面影響無法挽回。孔子十分重視詩教，看到南宮適這樣認真讀詩，不由得想到他平時的表現。平時，南宮適愛學習好思考，「敏於事而慎於言」，孔子斷定，這是個好學生。

又有一天，南宮適突然向孔子發問：「老師！夏代有窮國君主羿擅長射箭，夏代寒浞的兒子奡（ㄠˋ）擅長水戰，都不得好死；禹和稷親身下地耕種卻得到了天下，這是為什麼？」孔子沒有回答，看著南宮適慢慢退下的樣子，孔子想：作為學生，研習歷史，就能提出這樣的問題，一定已經體會到了以德治國勝過武力征伐的道理。這是個很成熟的青年。

後來，孔子繼續觀察南宮適。他發現這個學生一貫嚴以律己，謹言慎行；一旦時局好轉，有了出任的機會，他就會毫不猶豫地抓住機遇，努力工作。孔子感慨地說：「政治清明，他總有條件出朝入仕報效國家；政治黑暗，他便時時處處潔身自好，免於刑戮；南宮適是難得的俊傑！君子！君子！」他下決心替哥哥做主，把姪女嫁給南宮適。

孔子選女婿是十分認真的。

說明

本文根據《論語》之〈公冶長〉、〈先進〉、〈憲問〉中之資料編寫。

27　殺雞也用宰牛刀

　　孔子帶著幾個學生來到了武城（今山東費縣西南），這是他的學生子游擔任縣長的地方。還沒進城，就聽見城內樂聲悠揚，有人彈琴鼓瑟，有人和樂歌唱。

　　子游聽說孔子來到，連忙前來迎接。他施禮完畢，只見孔子微笑著說：「殺雞不用宰牛刀。治理這麼個小地方，用得著大興禮樂之教嗎？」子游愣了一下，立即分辯道：「老師！您不是曾經教導我們，治國理政要讓民眾學習禮樂怡情化性嗎？您說官員學習了禮樂就會有仁愛之心，民眾學習了禮樂就會心情平和容易聽從指揮。」（按當時依制行禮，必伴有相應的樂舞，孔子所說的禮樂之教，重在以禮規範人的言行，以樂陶冶人的心性。）

　　說話間，子游腦子裏閃出一個畫面。

　　那是多年前的一個歲末，魯國國君在宗廟裏舉行報謝萬物之神的祭祀大典，孔子參與陪祭完畢，走出宗廟，遙望遠遠近近的樹木房舍，聯想起近年動蕩的局面，不由得長長地嘆息。

　　「老師！您為什麼嘆氣呢？」子游關切地問。

　　「可嘆呀！古代那種老有所終、壯有所用、幼有所長，鰥寡孤

獨殘疾者皆有所養、路不拾遺、夜不閉戶的大同世界已經一去不復返了。民眾為戰亂所困，怎麼生活得下去呵！」

「那我們怎麼辦呢？」子游急於知道答案。

「那只有效法先聖以禮治國了。」

「禮就那麼重要？」子游還是不大明白。

原來孔子所說的「禮」包括制度儀節和行為規範兩方面。孔子不厭其煩地解釋說：「對！以禮為準則，構建和諧的社會秩序、規範人們的行為十分重要。以禮為依據制定包括土地戶籍在內的各種制度，使人們各安其位、生活穩定；以禮為標準衡量是非，發揚仁義、誠信、謙讓的美德，形成正確的興論、良好的風氣。即使有權有勢，違禮幹壞事也要被唾棄。民眾也就可以過上小康的生活了。」

這事已過去了若干年，子游卻一直牢記不忘。他努力學習文獻，熟悉禮制。他到武城一上任，立即制禮興樂，匡正民風，成效顯著。他相信自己沒有偏離孔子所說的正道。

在子游引導下，孔子師徒進城住了下來。這時，孔子對學生們說：「言偃做得好，說得對。剛才我跟他開玩笑呢！」

子游聽了非常高興。他對師弟們說：「可不是嗎？殺雞也要用宰牛刀呀！」

說明

　　本文根據《論語·陽貨》、《禮記·禮運》中之資料編寫。

28　學會思考：認同與發展

孔子重視培養思考能力，主張將學習知識與獨立思考相結合，他說：「光學別人的東西不動腦筋，往往會上當受騙；反過來只顧瞎琢磨不學習人家成功的經驗，也很危險。」

子夏按照孔子所說的去做了，他做得很好。

孔子正確的意見，他完全贊同。

孔子說，年輕人要孝順父母，要從內心出發關愛老人；不能認為只管老人吃飽喝足就夠了。子夏也認為：侍奉父母，要盡心竭力。

孔子說：做人要講誠信，否則不知道要走到怎樣的歪路上去。子夏也認為：與朋友交往，談話要誠實守信用。

孔子說：不要與比不上自己的人交朋友。子夏也認為：可以交往的人就跟他做朋友，否則就乾脆拒絕來往。為此，還跟師弟子張產生過分歧。子張主張包容一切人，來者不拒，被孔子斥為太過分；當然，孔子也指出子夏還可以再寬容一些。

然而，在某些問題上，子夏既同意老師的說法，又有一些自己的見解。

孔子主張，為君主辦事，應該忠心耿耿，堅定不移地奉行「仁」德和道義的原則，否則須提出勸諫甚至當面頂撞都可以，但絕對不能欺騙。子夏也認為，侍奉君主要能豁出生命；勸諫雖然必須，但首先要取得君主的信任，否則他會以為你譭謗他。

　　孔子主張，統治者要安民，給民眾實惠；他讚頌舜的無為而治，嚴以律己，知人善任；執政要著眼大局，不求速成。子夏也認為，無為而治、選賢與能是正確的施政理念；但他更從根本上強調統治者與民眾的魚水關係。他在孔子「重民」思想的基礎上，肯定民眾的作用：民眾是水，統治者是魚，魚離開水就會死，水裏沒有魚還是水。為此，統治者必須取信於民，否則將一事無成。另一方面，子夏又從當時臣弒君、子殺父的諸多事例中總結出教訓。冰凍三尺，非一日之寒：任何滅絕人性的罪行都是逐漸積累起來的。懲治罪行的最好辦法是把它消滅在萌芽狀態，善於運用手中權力的統治者，一旦發現罪惡的萌芽，就要毫不猶豫地斬草除根，以杜絕後患。

　　孔子欣賞子夏的成長，認為他今後的進步無可估量。

　　子夏在學習典籍接受老師教導的基礎上學會了思考，懂得了怎樣認同和發展。

說明

　　本文根據《論語》之〈為政〉、〈學而〉、〈八佾〉、〈雍也〉、〈先進〉、〈顏回〉、〈子路〉、〈子張〉，《韓非子・外儲說右上》，《說苑・雜言》以及《尸子下》中之資料編寫。

29　國君也要學習嗎？

　　魯哀公宣子夏進宮。

　　這一次他要跟子夏談談學習的問題。

　　魯哀公知道孔子十分好學，孔子晚年返魯所收弟子子夏也以勤於鑽研的精神倍受讚賞。子夏說過，執政者工作之餘就應該好好學習。難道這也包括國君？國君每天日理萬機，他還有可能——或者說，還有必要騰出時間學習嗎？

　　魯哀公把這個問題向子夏提了出來：「先生，國君也跟其他人一樣必須學習嗎？」

　　子夏認真地回答道：「您說得對！國君也必須學習。國君只有不斷加強學習，才能治理好國家保護好百姓。」

　　子夏的答案是把國君學習的意義鎖定在治國保民上的，但這顯然不能令魯哀公信服。從古至今，那麼多英明的君主，他們個個政績卓著，難道他們都曾拜師學習過？

　　「古代的聖王是不是都有自己的老師？」魯哀公把自己心中另一個問題也提了出來。

　　「怎麼沒有？我聽說黃帝以大填為師，顓頊以祿圖為師，帝嚳

以赤松子為師，堯帝的老師是務成子附，舜帝的老師是尹壽，禹向西王國學習，湯向貸子相學習，文王向錫疇子斯學習，武王向太公學習——這些事實說明古代聖王都以不恥下問為榮。還有，我們都知道，周公曾經拜虢叔為師，我的老師向老聃請教過。所有聖王聖人如果不虛心拜師學習，怎能成就功業，揚名天下，垂範於後世呢？」

魯國是周公旦後代的國家，孔子師老聃的事情就發生在魯哀公的伯父裯（魯昭公）在位的時候，所以子夏所提到的周公、孔子這兩位聖人拜師的事例，魯哀公都知道，於是他沈思了起來。

孔子曾經說過：「有幾個人在一塊兒走路，其中必定有一個值得我學習的人。」他曾經向郯國的國君學習古代官制的知識，向師襄子學琴，而他求教老聃的故事則見於多種古籍，曾經是盛傳一時的事情。

孔子年過三十開始辦學，曾收魯國貴族仲孫家的子弟孟懿子、南宮敬叔為徒。南宮敬叔向魯國當時的國君昭公進言，讓孔子去洛陽參觀學習。魯昭公採納了這一建議，並為孔子配備了車輛和隨從。洛陽是東周的國都，孔子參觀了洛陽城內外的文物古跡，有幸閱覽了周王室檔案館收存的珍貴典籍，並拜會了該館的館長（周王室守藏史）老聃。

孔子求知心切，態度誠懇；老聃閱歷豐富，學識淵博。對孔子提出的問題，例如出殯時遇見日蝕怎麼辦，小孩子死了墓穴太遠該怎麼下葬等等，老聃都一一作答。臨別，老聃還根據孔子當時的心

態提出忠告：「有錢人與朋友告別時送給錢財，道德高尚的人與朋友告別時只有贈言。我沒有錢，姑且算是注重道德修養的人吧。你要走了，我送你幾句話：第一、聰慧明察卻喜歡議論別人，淵博善辯卻常常揭人之短，這樣的人往往都沒有好下場，無論在朝廷在家裏都不好安身。第二、您喜歡古聖先賢的遺訓，如今他們的屍骨都已經腐朽了，您也不必過份拘泥於他們的話。第三、您如果遇上好時機，坐上馬車，神氣神氣，未嘗不可；否則就隨遇而安，切莫強求。俗話說，大富藏財，大德若愚。望您去掉驕氣和貪心，多一點樸實和平常心。」孔子心悅誠服地接受了勸告。回國後他對弟子們說：「鳥能飛，魚能游，獸能走；但它們都免不了死於弓箭釣鉤和羅網。龍卻不然，它乘風駕雲，遨遊太空，自由自在。我見到了老子，他就像一條龍啊！」

　　孔子這次學習，促進了他思想的成熟，也有助於他辦學事業的發展。

　　這些不過幾十年前的事，魯哀公雖非親歷，卻也耳聞甚詳，至今記憶猶新。如今經子夏重提，他不免心動了——

是該好好省察一下自己的時間安排，重定每天的日程，給學習留出餘地了。一切為了國事嘛！後來的結果如何，史無記載，後人無法得知。

　　但有一點必須指出，從孔子到子夏，學習的目的雖在於修身治國，但還不僅於此。學者負有傳承文化的重任。孔子困於匡地時，就說過西周的文化遺產集於他一身，並表達了希望上天助他保護這些遺產一臂之力的願望。孔子晚年教學之餘，用大量時間整理古籍，也出於同樣的目的。孔子欣賞子夏，主要也因為子夏熱愛並努力鑽研古代文獻。國君不可能直接參與這項艱巨的工作，但他應該通過學習瞭解這一任務的重要性，促成它的開展。

　　魯哀公想到這一點了嗎？沒有。但是，無論如何，他與子夏的這次談話，是一個好的開頭。

說明

　　本文根據《論語》之〈公冶長〉、〈述而〉、〈子罕〉、〈先進〉、〈子張〉，《左傳》「昭公十七年」，《史記》之〈孔子世家〉、〈老子韓非列傳〉，《禮記・曾子問》中之資料以及《韓詩外傳》卷五第二十八章編寫。

30　誰是眞正的勇士？

　　一天早晨，衛國國君衛靈公起床後覺得神情恍惚，志弱氣衰，彷彿要發生什麼事，便命令手下人趕緊召他的保鏢——勇士公孫悁（ㄐㄩㄢ）進宮。

　　手下人不敢怠慢，立即驅車疾馳，直奔公孫悁的住所。途中遇見子夏。子夏覺得奇怪，攔住來人問道：「出了什麼事？怎麼這樣急迫？」對方據實相告。子夏心想，這倒是再次面見衛靈公的好機會，不能錯過，於是便對來人說：「找一個跟公孫悁同樣勇武的人可以嗎？」對方猶豫了一下說：「大概可以吧！」子夏說：「我跟你去吧！」說完，一躍上了車，見對方還在遲疑，便說：「放心吧！一切有我！趕緊走吧！」當時子夏在衛國已經有了相當的名氣，人們都知道他治理魯國莒父，政績很好，回衛國後，為衛靈公辦事，膽識過人，表現突出。來人心想，如果同意子夏去，自己可以少跑好多路，何況國君的事情又這樣緊急，便不再多說，掉頭趕車回宮。

　　回到宮中，衛靈公見沒接到公孫悁，卻把子夏接來了，很不高興，說：「我叫你去接勇士，你怎麼倒請來個讀書人？」手下人把

剛才的情況報告了一遍。衛靈公皺著眉頭說：「既然如此，先生請上殿坐吧！你還是趕快再去接公孫悁。」

公孫悁從來人那裏瞭解了情況，心中很惱火。他進得宮來，一跨入衛靈公的殿門，便拔劍大叫：「卜商！你趕緊滾下來，我還可以保留你的腦袋，否則別怪我不客氣！」子夏毫不驚慌，神情自若地回答道：「趁早收起你的劍！你自以為勇武過人是嗎？我倒要跟你辯論辯論，誰是真正的勇士。」子夏的聲音不高不低，說話不快不慢，好像沒事似的。誰知這反倒更激怒了對方。公孫悁正要大叫，卻被衛靈公喝斥住了。衛靈公見公孫悁鬧得太不像話，不願意

再亂下去，便命令公孫悁收劍上堂坐好──他想，子夏既然來了，就讓他好好說說，兩個人矛盾再大，對話解決總比大吵大鬧兵刃相向好。

公孫悁窩著一肚子火，收劍坐下。子夏等他稍稍平靜一點，便開口說道：「公孫先生！還記得當年我倆跟隨國君見晉國大夫趙簡子的事嗎？趙簡子披散頭髮拿著長矛來見我們的國君。我連忙擠到前面指斥他：『諸侯相見，不穿禮服，反倒挾帶兵器！你如果不換衣服，我立刻死在你面前，鮮血濺滿你一身！』請問：迫使趙簡

子趕緊退下換穿了禮服的，是你還是我？」

公孫悁說：「那是你。」

子夏說：「好！這是我要說的第一件事。還有，那年我倆隨國君到阿地遇見齊國國君。我們的國君坐的是單層車墊，人家坐的是雙層車墊，比我們國君高出一頭。我立即上前進言：『諸侯相見，不能仗著人多勢眾居高臨下，這是禮制的規定。』請問，當時抽出齊國國君一層車墊的，是你還是我？」

公孫悁不得不照實回答：「那是你。」

「好！這是我要說的第二件事。還有，當年我倆跟隨國君打獵，兩頭大野豬追逐國君的車輦，當時舉起長矛刺殺野豬保護國君安全回宮的是你還是我？」

公孫悁滿面愧色地說：「那是你。」

子夏說：「好！我已經說了三件事，每件事發生的時候，都沒見到你的影子。什麼是勇士？在兵車萬乘、權勢強大的對手面前毫不退縮據理力爭或以死相拼，在無權無勢的普通民眾面前不擺架子毫無傲氣，這才是真正的勇武之人。這樣的人，保有名節和威嚴能震懾外敵叫他們不敢入侵，他嚴禁謀害殺傷能保證君主安全促進社會秩序穩定。對於這樣的人，君子敬佩尊重。至於那種憑藉權勢，以多壓少，以上凌下，欺侮無辜百姓的人，士人痛恨，君子厭惡，他算得什麼勇士？歌謠說得好：『做人不講禮義，不死還等什麼？』」

子夏侃侃而談。公孫悁低下頭來，一聲不吭。

　　衛靈公放下手離開座席說：「先生所說所做，告訴我什麼是大勇、真勇，先生才是真正的勇士。」

　　晏子論勇武之人，將子夏與子路並提。其實子路的勇武，夾雜著魯莽；而子夏的勇武，卻結合著智慧。自師從孔子以來，子夏一直牢記孔子的教導：「要做君子式的儒者，不做小人式的儒者。」君子是智、仁、勇三者兼備的人。有智慧，不致迷失；有仁德，無憂無慮；有勇武精神，毫無畏懼。子夏記住了這些話，並一直按照這個標準磨礪自己。他小德雖不拘泥，大德卻決不越界；廣泛學習，虛心求教；貧賤不移，威武不屈，大難臨頭也不改變自己的追求，於是成就了大智大勇。

　　子夏是孔子培養出來的真正的勇士。

說明

　　本文根據《論語》之〈雍也〉、〈子罕〉、〈子張〉，《晏子春秋‧內篇問上》，《尸子下》中之資料以及《韓詩外傳》卷六第二十章編寫。

31　他走進了一條文化長廊

　　一天，子夏正在潛心吟詠詩句，忽然停下來陷入沈思。孔子見他緊蹙雙眉，似乎遇到了難題，便關心地問道：

　　「商！想什麼呢？」

　　子夏起身恭恭敬敬地說：「老師！這幾句詩不好理解。『微微一笑酒窩兒轉，黑白分明雙眼真好看，白色的底子彩色絢麗斑斕。』意思不連貫呀！」

　　孔子微笑道：「這是說繪畫。先畫好彩色人像，然後在空白處補上白色的底子。」

　　子夏想了想，似有所領悟，抬起頭來認真地說：「那是不是可以這樣理解：凡事都有先後次序：例如教化，先培養仁德，然後再用禮樂的教育薰陶來鑄造文采？」

　　孔子非常高興。他沒想到子夏居然如此會動腦筋，舉一隅而三隅反。他連連贊道：「好呀！好呀！商！我真可以與你好好討論一下《詩》了。」

　　子夏所提到的詩，見於《詩經・衛風・碩人》，它讚美衛莊公的夫人莊姜，一位身材高挑的美女。第三句話在今本《詩經》裏已

經看不到了。子夏根據孔子的解釋所產生的聯想未免顯得勉強。但孔子平日告訴學生的一直是要重視道德教育；局限於如此思維定勢的獨立思考，不從教化角度領悟，倒有些不大可能了。

其實孔子與他的學生們就古籍所進行的對話並不只是這一次。孔子重視以歷代文獻教授學生，將它與社會生活實踐，道德教育兩項教學內容並列。在他所採用的各種文獻中，《詩》尤其被看重。孔子認為從《詩》裏不但可以學到自然知識、語言知識、人際關係知識，還可以培養觀察力，調節情緒，陶冶情操。他晚年重新編訂《詩》的篇章，將從原屬周公、召公封地所採集到的詩歌列在前面，是因為周公姬旦、召公姬奭都是西周初重要的政治人物，姬旦更是他最為景仰的古代聖人之一。孔子又將《關雎》這首詩作為內容純正無邪、感情表達適度的代表作置於全集之首。子夏對這樣的編排也不理解。他問道：

「老師！《關雎》為什麼成為全集的第一首詩呢？」

孔子笑了笑，他告訴子夏：《關雎》的作者體察天地運行的規律，以生命為敘述的原點，含納人類及宇宙間其他物種生命演變的內容，用豐富多姿洶湧奔騰的曲調加以表現，快樂並不過分，悲傷卻不痛苦，給人們以純潔高尚的享受，「商！你說這首詩是不是很充實，很偉大？它是不是該列於全集之首？——你一定要努力學習它，好好領會它！」

子夏連連點頭稱是：「這首詩真是太好了，我一定要好好學習它！」

《關雎》不過是一首普通的愛情詩，也許是孔子從他自己的角度將這首詩過於神奇化，也許是後儒編寫上述故事時，以他們自己的宇宙構想臆測《關雎》附會到孔子身上，但這都不是我們現在所看重的，我們對這個故事所關注的是孔子與子夏就《關雎》所進行的互動。

　　孔子與子夏學術上的互動還有《樂》。

　　孔子對「樂」也有很深的造詣。他在齊國，欣賞《韶》樂到了忘神的地步，好幾個月沈浸其中，飯菜入口都不知道是什麼味道。他認為：激發人的情感，形成人的行為動機靠「詩」，給予人安身立命立足的依據仰仗「禮」，善化人性陶冶心靈最終要靠集文學、音樂、舞蹈於一的綜合藝術「樂」。「禮」又是與「樂」緊密結合的——各種祭典、各種外事活動，都按規定的禮儀進行，也都伴有相應的樂舞。對國家而言，「禮」穩定人倫秩序，「樂」淨化社會風氣。二者相輔相成，促進社會的和諧。所以，他十分看重「樂」。他所整理的《樂》雖已失傳，他整理「樂」的標準卻仍保留在《論語》裏。他要求「樂」表現身心和諧、家庭和睦、國家安定的正面內容，做到思想內容「盡善」與藝術形式「盡美」二者的統一。因此，他推崇歌頌舜的《韶》樂，反對鄭、衛兩地專唱男女私情的靡靡之音。這一切都給子夏極大影響。下面這件事就是證明：

　　魏文侯拜子夏為師，向他請教「樂」的問題。

　　魏文侯說：「我欣賞《韶》這樣的古樂時，總是坐得端端正正

的，唯恐打瞌睡；但只要欣賞現代樂舞，就會興致盎然，一點兒也不感到疲倦。請問先生，這是為什麼？」

子夏說：「也許您還沒有體會到《韶》這樣古樂的魅力。古樂以配合整齊，進退有序的動作、純和寬舒的旋律，表達身心和諧、家庭和睦、社會安定、天下太平的內容，反映風調雨順，五穀豐登、秩序井然、上下一心的社會生活，產生振奮民眾精神、鼓舞三軍士氣的效果，令執政者聯想到品行端正，操守高潔的文官、英勇奮戰不畏犧牲的武將。這樣的樂舞多好呀！」

「那麼現代樂舞呢？」

「現代樂舞的代表來自鄭、衛兩地。它男女混雜，以彎腰曲背的離奇舞姿、或急促或輕佻的旋律，輔以插科打諢賣弄噱頭，表達邪僻的內容。它只能令人心志放蕩，意氣消沈。古樂是嚴肅藝術，今樂是淫邪之音，您可不能讓今樂干擾了古樂呀！」

孔子還給子夏講解了其他文獻，尤其是《易》。

孔子對《易》愛不釋手。多年來，他反覆閱讀，聯結竹簡的皮繩，都翻斷了好幾次。直到晚年他還說：「再給我若干年時間讓我好好學習

《易》，我就不會犯大錯誤了！」

　　有一回，他跟子夏在一塊研讀《易》。讀著讀著，他忽然長嘆一聲，令子夏十分意外。子夏連忙離開座席問道：「老師！您為什麼嘆息？出了什麼事嗎？」

　　「沒什麼事，你坐下。」孔子指著竹簡說：「我在讀《損》、《益》兩卦，聯想到很多事情。正確對待『損』、『益』乃是做人的大道理。能自我貶損才能長進；自滿於有所增益恰巧是虧缺退步的開始。堯帝居天子之位，嚴謹敬肅處事，誠實謙恭待人；所以能成就功業，垂範後代。昆吾自矜自誇，自詡能百世而不衰；當時就一敗塗地，至今仍留下惡名。人生的規律與大自然的規律是一致的。日升日落，月圓月缺；做人也要懂得如此盛極必衰的道理呀。品德高尚的人始終謙虛謹慎，依禮行事，連坐車也不例外。乘車時迎面走來三個人，應該立即下車致敬；如果是兩個人，也要握住車前橫木行禮。」

　　子夏聽得入了神，說：「老師說得太好了，我要努力學《易》，終身照辦，決不怠慢。」

　　就這樣，孔子與子夏談《詩》、談《樂》、談《易》，也談他根據史料編撰的《春秋》。孔子以筆批判紊亂的世道，撻伐亂臣賊子。子夏認為《春秋》全書字字珠璣，一個字都不可改動。

　　在孔子的帶領下，子夏走進了一條長廊，一條望不到盡頭的文化長廊。呈現在他眼前的一切既神秘又清晰，既陌生又熟悉──一切都那麼奇妙，那麼美好。他深深地愛上了構築這長廊的豐富多彩

的古代文獻。

　　孔子去世後，子夏移居西河（約在今山西南部一帶）收徒講學。他窮畢生精力鑽研古代文獻積累起來的深刻見解，征服了他的學生，因而名聲遠揚。甚至有人將他比作孔子。後人評價道：「《詩》、《書》、《禮》、《樂》經孔子之手編定；對這些典籍內容的探幽發微，並作出注釋，則從子夏開始。」在孔子眾弟子中，子夏是承傳傳統文化的佼佼者。

說明

　　本文根據《論語》之〈八佾〉、〈述而〉、〈陽貨〉、〈為政〉、〈泰伯〉、〈衛靈公〉，《史記》之〈孔子世家〉、〈滑稽列傳〉、〈儒林列傳〉，《史記‧樂記》，《說苑‧敬慎》，《後漢書‧徐防傳》中之資料以及《韓詩外傳》卷五第一章編寫。

32　他接過了老師的接力棒

　　魯國泗水流域的南武城（在今山東嘉祥）裏，住著一位姓曾的人家。戶主曾點本是夏朝第六帝少康的兒子曲烈的後代。為逃避戰亂，曾點的先人遷居到這裏。歷史的變遷，動蕩的生活，昔日頭面人物的子孫，如今卻過著貧困的生活。曾點的妻子織布，曾點帶著兒子曾參耕地，顧得了吃顧不了穿。

　　曾點十分上進，曾投靠孔子求學。兒子長大後，又送他去移居衛國的孔子那裏學習。

　　曾點一進門就帶兒子向老師行跪拜之禮。孔子見父子倆衣著破爛，曾參的舊棉襖露出棉花，袖子爛得看見胳膊肘，帽帶斷裂，鞋子沒了後跟，心裏一陣難過，忙叫子路、子貢安排食宿，還讓他倆找出舊衣褲給新來的師弟換上。曾點千恩萬謝之後，告辭老師回家去了。

　　曾參來到這新的環境，與師兄弟們同起居，同學習，一時還不大習慣。子路比自己大三十多歲，子貢、顏回也大二十好幾；他本來不善言談，現在更沒有多少話說了，整天只是認真聽老師講解，自己勤讀苦思。有時孔子向他提一個問題，他竟半天回答不上來。

孔子覺得這個新來的學生似乎有點遲鈍，但他出眾的勤奮好學仍然顯示了他並非庸碌之輩。

日子長了，孔子既嚴肅認真又和藹可親，對每一個向他求教的人都報以滿腔熱情，令曾參由衷地產生了敬愛之心。尤其是這樣一件事讓曾參十分感動——人們都知道互鄉這個地方的人不好打交道。一天，那裏來了個年輕人。此人穿著樸素整潔，見孔子便行禮。孔子忙把他迎進屋內，交談了許久。弟子們覺得這個人真討厭，纏著老師談這麼久，把老人家累壞了怎麼辦。等來人走後，弟子們就說開了：「您明明知道那裏的人不好對付，幹嘛還見他？見

他也罷，還讓他纏那麼久！」孔子笑了：「人家把自己收拾得乾乾淨淨，規規矩矩地來了，他誠心來求教，我為什麼不接待他呢？看一個人要看他的進步，不要老計較他的過去。做人不能太過份啊！」

曾參看在眼裏，想在心中：孔子不愧是誨人不倦的好老師。他與老師的心貼得更近了，膽量也更大了。凡有不明白的問題，他都向孔子提出來，孔子也一一給予答覆。僅據《禮記》中《曾子問》一篇所載，曾參就向孔子提出了四十六個問題，涉及喪

禮、祭禮、朝覲禮、冠禮、婚禮以及出征禮儀諸多方面。他還向孔子請教過「孝」的內容、本質意義、具體做法等等。他的思想漸漸成熟起來。

一次，孔子與弟子們討論問題，孔子或引導，或點撥，或小結，大家暢所欲言，十分熱烈。討論完畢，孔子特地叫住曾參道：

「參呀！剛才談了這麼多，你是否體會到我的意思？其實我的學說貫穿著一個基本觀念，你說呢？」

曾參說：「對！老師！」

待孔子走出以後，師兄弟們忍不住圍過來問道：「老師說的是什麼意思？」

曾參稍加沈吟回答道：「老師的學說貫穿的基本觀念是『忠、恕』二字。」

曾子所言極是。孔子「仁」學體系的核心是「愛人」。（《論語・顏回》）也就是要以愛心處理人際關係。如何具體操作？就是要以「忠、恕」之道待人。待人以「忠」，就是自己若想通達、想有所作為，應當盡心竭力幫助別人也能通達也能有所作為，這就叫「己欲立而立人，己欲達而達人。」（《論語・雍也》）待人以「恕」道，就是要胸襟博大，多為別人設想，自己不願去做不願接受的也不要勉強別人去做勉強別人接受。這就叫「己所不欲，勿施於人。」（《論語・顏回》）曾參可說得到孔子思想的精髓了。

曾參二十六歲那年，孔子長辭人間。從那以後，他更加努力學習，認真體會孔子講授過的內容，結合反省自己的言行，並收徒講

學。他能闡明孔子的學說又有自己獨到的見解,因而名聲大振。他的學生沈猶行說,有一段時間追隨曾參的弟子多達七十人。曾出仕魏、楚的軍事家、富有改革精神的政治家吳起,就是他的學生。他的弟子把他關於「孝」的闡述,托孔子之名結集成書,被稱為《孝經》,承傳並發揮了孔子的有關思想。宋代大儒朱熹稱曾參是得孔子真傳並加以宏揚的儒者,他不愧是接過了老師的接力棒的優秀學者。

說明

　　本文根據《論語》之〈學而〉、〈里仁〉、〈先進〉、〈述而〉,《孟子·離婁下》,《莊子·讓王》,《史記·仲尼弟子列傳》,《呂氏春秋·當染》,《說苑·立節》以及朱熹《大學章句序》中之資料編寫。

33　錯在哪裏？

　　曾參非常孝順。他奉養父母，起居飲食，無不盡心竭力——端茶送飯，鋪床溫被，處處細緻周到。早晚請安問好，也都嚴守禮制。愛父母之所愛，憎父母之所憎，不敢有絲毫違拗。

　　一天，父親叫曾參去瓜地鋤草。曾參一不小心，把瓜根鋤斷了。父親發現了，大發雷霆，抄起一根大木棍向曾參身上打過去，打得他昏倒在地，好一陣才醒過來。曾參忍著疼痛慢慢地爬起來，向父親磕頭請罪：「兒子錯了，惹得大人生氣。大人沒傷了手吧！」父親本來十分憤怒，見兒子這樣，後悔自己下手太重，不免一陣心痛，便彎腰扶兒子起來說：「還好，你回房休息吧！」

　　曾參回到房裏，趴在臥榻上，思索父親的話，越發覺得不是滋味——我做錯了事，本該受罰；現在父親又為對我的責罰而煩惱。這一切都由我而起，我是錯上加錯啊！如何彌補才能使父親不為我擔心呢？曾參想了想，忍痛爬起來，拿起自己心愛的琴，一邊彈一邊唱起歌來。他想：父親聽見我唱歌，一定知道我沒事，就會不再因我而自責和煩惱了。

　　事情傳到孔子那裏，孔子十分生氣。他對弟子們說：「曾參太

不像話！如果他來找我，你們別讓他進來！」

　　曾參聽說孔子不歡迎他，不知道為什麼──自己難道錯了？究竟錯在哪裏？他托人去打聽。孔子對來人說：「你去告訴參，君子盡孝不會像他那樣做。從前，舜的父親瞽叟偏愛小兒子象，總想加害於舜。舜呢，依然盡心竭力事奉父親，時時追隨左右。瞽叟叫舜修補糧倉，等舜上了倉房屋頂，便抽掉梯子，要放火燒掉倉房，舜十分警覺，趕緊想辦法逃下來。瞽叟又叫舜去淘井，等舜下到井裏，立即往井裏填土，想活埋舜。舜一聽見響動，知道事情不妙，連忙從井旁邊的洞穴裏逃了出來。舜盡了作為兒子應盡的孝道，又設法逃避父親的陷害，避免陷父親於不義。看看人家是怎樣盡孝的吧！你去告訴參，像他那樣趴在地上等著父親把自己打死置父親於不義，叫做最大的不孝！況且他也是天子的子民，任憑天子的子民被打殺，這不是罪過又是什麼呢？」

　　曾參聽來人傳達了孔子的話，覺得自己錯了，雖然還有一些想不明白，但他仍然登門向孔子認錯，並且請孔子進一步加以指點。

　　孔子見曾參很有誠意，便詳細地講述了自己的看法；有些問題，還跟曾參一塊討論。

　　孔子是十分重視「孝」的。他對他的弟子子夏、子游、宰我、閔子騫、孟懿子等甚至孟懿子的兒子孟武伯，都談論過「孝」的問題。他以家庭為單位加以拓展構建他的政治、倫理學說，認為「孝」是「仁」德的基礎，十分重要。盡孝必須發自內心的真情，生活上的照顧不是衡量孝行的絕對標準。可以指出父母的錯誤，但

言辭要委婉；也要嚴守父母正確的訓誡。盡孝必須循禮，禮制的有關規定不可妄改；盡孝靠的是行動，要時時不離老人左右。推廣發揚孝道教化民眾是施政不可缺少的內容之一。

聆聽了孔子的教誨，曾參認識到自己對「孝」的理解過於簡單化，而且只看到了情感的一面。從此他更加努力學習和鑽研，經過較長時間的思考，他終於將自己的心得重新作了一番整理：

第一、「孝」是一切道德的根基，是人們言行的規範——「孝」可以放大為「忠」，延長為「順」，擴展而為「仁」德的體系。孝親之道還要以自己的言行感染遠遠近近的相處者，使他們歸附你，親近你，構建和諧的人際關係。

第二、「孝」是為政的根本——臣民要把修身、孝親、事君統一起來，以「義」為「孝」行的最高標準，做諍友、諍子、諍臣。君主以「孝」治天下，淨化民風；告誡臣民罪莫大於不孝。

第三、「孝」源自生命的延續和對生命的尊重——「身體髮膚，受之父母，不敢毀傷，孝之始也。立身行道，揚名於後世，以顯父母，孝之終也。」（《孝經》）據說，曾參的學生樂正子春一天不小心扭傷了腳，痊癒後，他把自己關在屋子裏，幾個月都不出門，而且十分憂愁。他的學生覺得奇怪，詢問他的原因。他回答說：「我從老師那裏知道了太老師的教誨：父母把子女完完整整地生下來，子女應該保護好自己的身體，不讓它受到傷害，不讓它招致任何缺損。這就是孝道。我沒有做到，因此我要反省自己。」樂正子春的所說所為正好說明了曾參對「孝」與生命二者關係的

看法。

　　曾參的心得被他的弟子整理結集成書，經過長時間的流傳潤色以今天我們所見到的《孝經》的面貌保存下來。剔除其中服務於封建君主的元素，它對當前現實的積極意義仍不可忽視。

　　如果說，曾參對「孝」的認識和踐履，曾經主要受情感的支配；那麼，經過孔子的教導，他逐漸把這一切提升到理性層次昇華為理論；趴在地上心甘情願讓父親猛打的事情一去不復返了。

說明

　　本文根據《論語》之〈為政〉、〈里仁〉、〈先進〉、〈學而〉、〈陽貨〉，《孟子・萬章上》，《荀子・大略》，《呂氏春秋・孝行覽》，《禮記・祭義》，《新語・慎微》以及《孔子家語・六本》中之資料編寫。

34　「別這樣誇我」

　　曾參的老鄉公明宣投奔曾參門下求學快三年了，沒見他認真讀過書，做老師的決心找他好好談一談。

　　「宣呀！你到我這裏來快三年了吧，怎麼沒見你好好學習呢？說說你的想法吧！」曾參讓公明宣自己先說，以便於瞭解真實情況對症下藥給予教育幫助。

　　公明宣感到意外，連忙解釋道：「老師！我慕名而來，就是要向您學習的。我首先要學習您的為人。我敬仰您孝敬老人。只要有長輩在，您就緩步輕聲，看見小狗奔跑都不呵斥，為的是讓老人安安靜靜地休息。朋友來了，您恭恭敬敬地接待，熱心真誠地交談，從來沒有一點怠慢。對於下屬，您既嚴格要求，又尊重他們，保護他們，從不傷害他們。老師以上美德，我努力學著去做，但直到今天還沒有做好。我哪敢不好好學習呢？」

　　聽了公明宣的話，曾參既欣喜又慚愧。喜的是自己沒收錯學生，愧的是公明宣褒揚過甚自己名不副實：「宣呀！你從做人學起，不局限於典籍，很使我感動——我不如你呀！但你千萬別這樣誇我，我一直只是在向老師學習，如果有收穫，那也應該歸功於

老師！」

曾參的話一點也不假。他一直領會並履行孔子的教誨。

孔子說：君子應當孝敬父母，友愛弟兄，這是修養「仁」德的根本。對待朋友要善於看到他的長處，不能苛求；對待自己則要嚴格要求。處理問題要堅持原則，保持自己的氣節和尊嚴，切忌見利忘義。那不義之財，不過是天上的浮雲，轉瞬即逝，不必貪戀和追求。君子修養「仁」德，就是為了認真工作，使一切人尤其是老百姓安居樂業。為了實現「仁」德於天下，即便獻出生命也不為過。

孔子這些教導，曾參一直認真履行。為瞻養雙親，他委屈自己去做莒國俸祿微薄的小吏。雙親去世後，齊、晉、楚諸國爭相聘請他去主持朝政，俸祿之高，是常人所不敢企及的。然而他沒接受，他看重的是自己的修養和老師思想的鑽研承傳。他說，晉楚諸國國君和高官的確擁有很多財富；但我擁有的，一點也不比他們少──我有的是仁德。要讓我低三下四，強顏歡笑伺候他們，那比在酷暑炎日的田間耕作還難受。魯國的國君曾派人來贈我以食邑，讓我拿那裏的錢財置辦衣服。我拒絕了。來人說：「這又不是你向人家索取的，是人家主動贈送的，你為什麼不要？」我回答說，生活中的常情往往是這樣的：贈人財物的認為自己有所施捨便自認為高對方一頭，接受財物的則覺得受人恩賜應該常存感恩和敬畏之心。今天如果我接受了恩賜，即使國君不流露異樣的神色，我也不能不對他表示敬畏呀！我還是保留自己的尊嚴吧！曾參告訴人：他每天都要多次反省自己──替別人辦事，是否盡心竭力；與朋友交往，是否

嚴守誠信；接受老師的教誨，是否真正瞭解並加以實行。他還告訴人：為人要謙虛寬容。修養自身「仁」德，並推行天下，鞠躬盡瘁，死而後已，這是偉大的事業，任務艱巨，道路漫長。數十年前晉國大臣程嬰、公孫杵臼很了不起。當晉國執政大臣趙朔被妒忌他的野心家屠岸賈陷害滿門抄斬時，程嬰、公孫杵臼二人以他們的大智大勇救出趙朔的遺腹子——趙家惟一的骨血。不但保住了趙家的香火，也令晉國國柄不致旁落野心家之手；而他們自己卻為此獻出了寶貴的生命。面臨生死抉擇的嚴峻關頭，堅持使命毫不動搖，這樣的人是真正的君子。

曾參把成績歸之於孔子的教導，這正是他謙虛過人之處——當然，這的確也是事實。

說明

本文根據《論語》之〈學而〉、〈里仁〉、〈述而〉、〈子罕〉、〈衛靈公〉、〈憲問〉、〈泰伯〉、《孟子》之〈公孫丑下〉、〈滕文公下〉，《史記·趙世家》，《說苑》之〈立節〉、〈反質〉中之資料以及《韓詩外傳》卷一第一章編寫。

35 落日的餘輝

下午，室內寂靜，氣氛凝重。

曾參病了。他的學生們守候在臥榻旁，憂傷而焦慮：老師啊！您快點好起來，千萬別拋棄我們！

突然，有人推開門，一個學生探進頭來輕聲通報：「孟敬子看望老師來了！」

孟敬子就是魯國大夫仲孫捷，朝廷高官。曾參一度仕宦於楚國後，便回魯國收徒講學。他學識淵博，品德高尚，聲名遠播，連某些官員也常來求教。孟敬子便是其中一個。曾參雖不願再涉足亂世的政壇，但他仍十分關心國事。他認為一個人如身懷治國雄略而不管民生艱難聽任朝政迷亂，決不是什麼志士仁人，因此，凡有官員來訪，他都熱忱接待，傾心交談，來人每有如坐春風之感。如今，聽說曾參病重，孟敬子連忙趕來探望。

孟敬子的到來，驚醒了昏睡中的曾參，他示意學生伺候來人坐下。

「先生！您病成這樣，為什麼不告訴我！說什麼我也要為您請一個高明的醫師呀！」孟敬子關切地說，話語裏帶著幾分焦急、幾

分責怪。

「謝謝您！這不是才讓醫師看過病嘛……我的病怕是不行了。」歇了一會兒，曾參又輕輕地說：「鳥之將死，其鳴也哀；人之將死，其言也善。我有幾句話，一定要趁現在告訴您。我的老師教導我：君子質樸的心靈之美應該和他優美的儀容風度協調統一；他態度要莊重，辦事要認真，與人交往要忠誠。所以我想，您平日容貌臉色要嚴肅端莊，以防止別人的輕侮怠慢，提高他們對您的信任度；說話要考慮措詞，語氣要溫和，以避免粗鄙和錯誤。這是關乎以禮待人的大事。至於禮儀細節，自有主管人員操心。」

曾參說完，便閉上了眼睛。

孟敬子十分感動。他怕曾參太累，便離開臥榻，輕聲地向學生詢問曾參的治療情況，又叮囑了一番，先行告退。

孟敬子剛走，又來了一個名叫孟儀的人。他是曾參的朋友，也是聽說曾參病重特地趕來看望的。

孟儀緊握著曾參的手說：「你要好好保重啊！你太勞累了！」

「我的時間不會太多了。」曾參向老友傾吐著他病中思考最多的問題。「躺在這裏，我總回憶起老師關於學『禮』的教誨。老師多次說，一個人不學禮，就沒法立足社會。咱們一定要根據禮制確定人生目標，修養身心，才能杜絕貪婪和怠惰、粗暴和紊亂……」曾參的聲音越來越小，他感到很吃力。

看到這種情況，孟儀也不便久留，他留下隨身帶來的贈品告辭了。

太陽西斜。落日的餘輝映紅了半邊天映照到窗外的牆壁上，反射進來，室內亮了許多。

學生們有的在煎熬湯藥，有的給老師按摩手腳。

曾參微微睜開眼說：「都過來吧！」

學生們立即聚攏到臥榻旁。

「我的老師說，他一輩子所擔心的就是自己品德沒培養好，學問沒鑽研夠，知道應該遵循道義卻沒有實行，有了錯誤也沒改正。他那樣兢兢業業，嚴以律己。……你們看看我的手，雖已僵硬，但還完好──我未遭刑戮，保護好了父母給我的身體。當今世亂，你們要小心做人，『戰戰兢兢，如臨深淵，如履薄冰。』千萬別走錯路呀！」說完，微微地擺一下手。學生中有人在低聲抽泣。

落日的餘輝已經消散，屋子裏又暗了下來。

說明

本文根據《論語》之〈雍也〉、〈子路〉、〈述而〉、〈泰伯〉、〈堯曰〉，《說苑‧修文》中之資料編寫。

──按，此節曾參對孟儀所說內容與《論語》記曾參告孟敬子語類似，疑為同一人同一事。

36　換蓆之謎

夜，漆黑，屋內屋外一片寂靜，只聽見曾參艱難的喘息聲。

曾參的病越來越重了。

他的學生樂正子春在臥榻旁的地上坐下，憂慮地凝視著自己最尊敬的老師。他的兒子曾元、曾申坐在他的腳邊。侍童倚偎在牆角守護著手中的燭台，防止窗外的風吹進來熄滅蠟燭，只有這一點微弱的燭光給這間屋子帶來亮光。人們都一言不發，用沈默來遮掩他們內心的悲傷和恐懼。近些年來，曾參的聲望高了，學生越來越多，朝廷也開始重視他，像季康子這樣的大官也曾來造訪過；因而生活也較以前大有改善。曾參瞻養老父，餐餐有酒有肉。而今曾點已經仙逝，曾參難道也要離開人間？

「多麼漂亮的蓆子！」突然，侍童打破沈寂說道。

「噓！別說話！」樂正子春輕聲制止他──在這樣的時刻還有心思議論臥榻上的蓆子！

然而這不經意的低語卻驚動了曾參。他長出一口氣，手微微抬起來，似乎要示意什麼。

侍童並不理解樂正子春的意思，也不知道曾參想要表示什麼，他甚至完全沒有想到要考慮別人的反應，他仍然按照自己的想法舉

起燭臺，照亮臥榻，繼續說：「這蓆子光滑又漂亮，是大夫用的吧！」

曾參完全聽清了侍童的話，雖然對方的聲音並不大，他斷斷續續地說：「是……季孫送……送的……我沒能……沒能……換……。元兒！」

曾元聽到父親的叫喚，趕緊湊過來說：「父親，您要說什麼？」

「換……換蓆……」

曾元與樂正子春交換了一下眼色──在這樣的時刻，驚動重病的父親？──不！不能換！

「父親！您身體虛弱，現在不能換，明天早晨再說好嗎？」

「不，……不！要……要！」

曾參仍然堅持著。

他為什麼這樣堅持？他在想些什麼？

難道他想起了在師兄弟中流傳的故事？據說孔子告訴子路，做一個完美的人當今要特別強調見利思義，臨危捨命，信守承諾；也告訴過顏回，一個有仁德的人應當以禮制約束自己的言行，不做違禮的事情。難道曾參認為自己一介儒生不該使用大夫才使用的東西，接受了不義之財，犯了悖「禮」的大錯？

也許曾參想起了孔子以身作則嚴格訓子的動人事跡？孔子多次告訴學生，他不是生而知之的天才，他是靠勤奮學習才獲得知識的；勤奮學習、努力工作一直是他生活的信條。因此他也十分關注

獨生子孔鯉的學習，反覆叮囑他：不學習《詩》中的語言，就不會說話；不學習《禮》，就沒法立足社會。曾參相信自己是以老師為榜樣的；今天，當他知道自己將不久於人世的時候，更要給後人做知錯必改的表率。當然，這也僅僅是猜想。

也許……

也許還有別的什麼想法。

但流傳至今的古籍並無此類記載，我們無法知道曾參究竟在想些什麼。

曾參示意兒子靠近自己。曾元、曾申依稀聽見他說：「君子成全他人修養美德，小人才只顧叫別人得過且過。換……換蓆……」

曾元兄弟和樂正子春拗不過固執的老人。他們小心翼翼地把老人家抬起來，讓侍童換掉榻上的蓆子。然而老人還沒睡安穩，頭一歪，一隻手耷拉到榻沿——他走了。

兒子、學生和侍童哀哭起來。

曾參走了，他留下了嚴守師訓品德高尚的完美形象和人們無法解破的換蓆之謎。

風吹進來，吹熄了蠟燭。

說明

本文根據《論語》之〈憲問〉、〈顏回〉、〈述而〉、〈季氏〉，《孟子・離婁上》，《禮記・檀弓上》中之資料編寫。

37 把「忠」、「信」二字寫在衣帶上

　　孔子拜訪季康子，帶上兩個年輕的學生子夏和子張。進了季康子的府第，寒暄完畢，便談起正事來。子夏、子張在外間為已經交鋒過的問題繼續爭論著。年輕人好勝，爭了半天，誰也說服不了誰。子夏有點急了，語速加快，臉色也不大好看。看到子夏這個樣子，子張便說開了：「商！你怎麼這樣！看看咱們老師討論問題的態度，他老人家舉止從容，語調徐緩，想好了再說，說對了就聲明這不過是別人說過的。這叫君子風度！多麼高尚！多麼博大！只有這樣才能弘揚正道呀！小人總認為自己的意見全對，別人全錯；說話時瞪大眼睛，握緊拳頭，聲音急促，唾沫飛濺。一旦對方說不上來，就嘿嘿怪笑，儀態鄙陋，言辭粗俗。這種人讓人瞧不起，咱們可不能學這種人啊！」

　　這一番話非常尖銳。子張為什麼如此尖銳地批評子夏呢？

　　原來孔子年輕一輩的學生中，子夏、子張、子游、曾參幾個都十分優秀，年齡也相近。其中子張最小，心氣最高，其他三個人與子張暗中較勁的事也是有的。子夏就探問過老師對子張的看法。子游、曾參也議論子張自視過高，難與師兄弟們攜手並進共修仁德。

子張的確有才氣有抱負。他總想得到施展才幹的從政機會。為此，他經常向孔子請教，涉及問題之深廣，為其他弟子所不及。

　　他所提的問題比較集中在如何加強修養，做好從政準備上。

　　子張問：「怎樣才能得到官職？」

　　孔子說：「多聽聽，多看看，弄不明白的加以保留；弄明白了又有足夠的自信，就謹慎地說，謹慎地做，以減少失誤，免得將來後悔。能夠這樣做，自然就可以得到官職了。」

　　子張又問：「要怎樣才能擔起治理政事的擔子呢？」

　　孔子說：「君子重視並實行五種美德，摒棄四種惡政，就可以肩負重任了。」

　　「請問老師，五種美德是什麼？」

　　「五種美德就是：無須耗費什麼卻能給民眾實實在在的好處；讓民眾幹活，民眾卻無怨言；修養仁義之德杜絕貪婪之心；儀態莊重卻不驕傲；威嚴卻不兇猛。」

　　「怎樣才能做

到不耗費什麼卻能給民眾好處？」

「看準了能使民眾獲利再採取措施，不就是無須耗費也能使民眾獲益嗎？把握了時令和有利的條件再讓民眾勞動他們有什麼怨恨呢？需要修養仁德也得到了仁德還會貪求什麼呢？無論對方人數多少、勢力大小，都不怠慢他們，這就是莊重而不驕傲了；衣冠整齊，目不邪視，會讓人望而生畏，這就是威嚴而不兇猛了。」

子張接著問道：「四種惡政又是什麼呢？」

孔子回答說：「不教育就殺戮叫做虐；不監督不申誡只索要成績叫做暴；平時鬆鬆垮垮突然來個限期內完成叫做賊；給人財物，出手吝嗇，叫做小氣。」

孔子的回答具體而全面。他看準了子張是棵好苗子，要好好培養他。

涉足政界，總會碰到一些具體事情。為了借鑒他人的經驗教訓，子張向孔子請教怎樣評價一些具體的人和事。

子張問道：「老師！楚國的令尹子文幾次被委以宰相的重任，又幾次被罷免，他都不喜不怨。每次向接替他職位的人交接時，他都毫無保留。這個人怎麼樣？」孔子說：「他很忠於國家呀！」子張接著問：「算不算具有『仁』德呢？」孔子說：「能算嗎？——這怎麼能算呢？」

子張又提起另外一件事來：「齊國的崔杼因為國君莊公與他的妻子通姦，便殺了莊公，立莊公的同父異母弟為國君，還親自為新國君輔政。齊國大夫陳文子拋下他全部家產，包括他的四十匹馬，

跑到別的國家去了。到那裏一看說：『這裏的執政者跟崔杼差不多！』於是又去了另一個國家。到另一個國家一看又說：『唉！這裏的執政者跟崔杼也差不多！』於是又離開了。您說這個人怎麼樣？」孔子說：「這個人很清白呀！」子張接著又問：「能不能算具有『仁』德呢？」孔子說：「能算嗎？——這怎麼能算呢？」

忠於國家和潔身自好都不算具有「仁」德，那究竟什麼是「仁」呢？子張不只是要做一個稱職的官員，他還要要求自己做一個具有「仁」德的君子。他非把這個問題弄明白不可，於是他又問道：「怎樣的人才算具有『仁』德呢？」

孔子說：「能夠處事實行五種品德的人，才是具有『仁』德的君子。」

「請問哪五種品德？」

「莊重、寬厚、誠信、勤敏、慈惠。莊重，不至於被怠慢和侮辱；寬厚，可以得到多數人的擁戴；誠信，可以獲得信任被任用；勤敏，辦事效率高；慈惠，就能調動人心讓他們聽從你的使喚。」

孔子多次闡說過「仁」的涵義，他以「愛人」為「仁」的本質。對於以從政為追求目標的子張來說，孔子從充當優秀的執政者的角度，將「仁」的本質加以延伸、拓展，具體化，可以說極富針對性和啟發意義。

但子張還不滿足，他還想知道怎樣才能提高品德，走出迷惑和困境，最終成為「仁」德君子。於是他又問：

「老師！我怎樣才能提高品德，不致迷惑呢？」

　　孔子說：「主要是堅持『忠』與『信』，也就是盡心竭力，一切符合道義。這樣做才能提高品德。走極端必然陷入迷惑。愛一個人希望他長命百歲，恨一個人巴不得他馬上死去；這樣極端對誰都沒有好處。」

　　孔子十分重視「忠」、「信」。只要遇到適當時機，他都會向弟子們強調這兩個德目。當子張問到怎樣辦事才能處處行得通時，孔子說：「說話忠實、誠信、行為忠實、認真——做到這一點，即便到別的部族國家也行得通；否則就是在本鄉本土也寸步難行。牢記這『忠』、『信』兩個字，站著彷彿眼前出現它，坐車彷彿見車間橫木上刻著它。到了這種境地，自然會事事圓通，時時圓通。」

　　子張非常高興，立刻解下腰間的衣帶，把「忠」、「信」二字寫在上面。

　　按照老師的教導去做，他越來越覺得如果信仰不忠誠，行為不堅定，便是可有可無的人；讀書人應該勇於在危難時獻出自己的生命。他決定主動出擊尋找出仕的機會。

　　這一回他從自己的故鄉陳國出發長途跋涉來到魯國。等了七天，魯哀公還是沒有接見他。他十分憤慨，忍不住大發議論：「聽說國君愛惜人才，我才頂霜露，冒風塵，不遠千里而來，甚至顧不得休息，誰料想會有這樣的結果！原來國君所謂愛惜人才不過是葉公好龍之舉罷了！」說罷揚長而去，又回到了家鄉。

　　從此他在陳國專心研修學問，收徒講學。憑藉他對孔子學說的深刻理解和他自己的人格魅力，吸引了很多學生。影響之大，令後

來的思想家荀況、韓非都不得不從不同角度肯定他在後孔子時代儒家學派重要分支的地位。

　　也許他過於勤奮，耗費精力過度，竟致英年早逝。臨終前他對自己的兒子申祥說：「小人結束生命叫做死，君子結束生命叫終老。我一輩子嚴守師訓，現在可以說終老了。」

　　他在親人和學生們極度的哀痛中平靜地閉上了雙眼。

說明

　　本文根據《論語》之〈學而〉、〈為政〉、〈公冶長〉、〈顏回〉、〈衛靈公〉、〈陽貨〉、〈堯曰〉、〈子張〉，《荀子‧非十二子》，《韓非子‧顯學》，《新序‧雜事》，《禮記‧檀弓上》中之資料以及《韓詩外傳》卷九第二十九章編寫。

38　誰繼任我們的導師？

　　孔子逝世後，弟子們分散在各國，或出仕，或講學，或隱居。他們忘不了聚在孔子身邊聆聽教誨的那些歲月，他們忘不了那些難忘歲月裏真誠的師生之情。他們惆悵，他們失落。為了使當年的生活不僅僅是回憶，他們在思考，誰來接替離他們遠去的師長繼任大家的導師，凝聚大家的友誼和創造力。

　　當然，這是一件嚴肅的事情。

　　一天，子夏、子游、子張三人不期而遇。敘完別情後，他們自然而然地談起了上述問題。

　　「我們是老師的學生，我們曾經是一個很好的團隊。老師走了，我們不能說散就散。」

　　「當然！但是我們缺乏核心人物。」

　　「我們應該推舉一個人繼任老師的工作！」

　　「但是，推舉誰好呢？」

　　大家七嘴八舌地議論著……

　　突然，三個人異口同聲地說：「有若！」

　　有若可以繼任導師，理由是：

　　第一，他身材高大，狀似孔子。但更主要的是——

第二，他學習勤奮，深得孔子思想的精髓。例如，孔子說：「君子應當追求和諧，但不是放棄原則盲目附和，而是用正確的意見或做法糾正錯誤的意見或做法，做到恰到好處。」有若也認為：「和諧是寶貴的。但不能為『和諧』而『和諧』，應該用一定的規矩制度加以調節。」又如，孔子說：「做人要孝敬父母，友愛兄弟，然後還要廣泛地以仁愛之心處理一切人際關係並接近有仁德的人。」有若也認為：「對父母盡孝，對兄弟友愛，是培養仁德的基礎。」

　　第三、有若的施政理念，也源自孔子。

　　魯哀公問有若：「年成不好，國家財政困難，該怎麼辦？」有若說：「降低稅收，實行十抽一的稅率好了。」魯哀公不高興了：「我現在十抽二財政還緊張，十抽一不是更不夠了！」有若認真地說：「老百姓富了，您還有什麼不夠的？老百姓的日子過得緊巴巴的，您又怎麼寬裕得起來？」魯哀公無話可說。有若「藏富於民」讓老百姓富起來的思想正是孔子一貫的主張。孔子對子貢說過，聖明的君主必定是廣泛地給民眾好處，幫助他們過好日子的人。孔子也告訴過冉求：富民然後才能化民（教化

民眾）。

宓子賤任單父縣長，一開始忙得心力交瘁，人瘦了許多。有若問他：「你為什麼瘦了？」子賤答道：「我能力差，讓我管理一個縣，事務繁雜，我怎能不瘦呢？」有若忠告道：「學習舜帝吧！舜帝當年行無為之治，處理大事公正無私，給下屬做出榜樣；起用賢才，放手讓他們料理一切政務。他自己奏起五弦琴，唱著《南風歌》：『南風和煦暖人心，可以消解民怨憤；南風及時拂大地，莊稼茂盛民富足。』結果天下大治，萬眾歡騰。你應該改變一下做法。」宓子賤高興地採納了有若的建議，果然大見成效，還得到了孔子的讚賞。「無為而治」正是孔子的主張。孔子說過，「實行無為而治的大概只有舜帝了。他自己嚴肅認真從容安靜坐朝堂，信任臣下，為他們創造施展治理國事才幹的廣闊空間，於是天下大治。」

第四，由此可見有若最能深刻領會孔子的思想。有這樣一件事可以證明。曾參說：「老師說過，丟了官乾脆趕快過窮日子，死了乾脆趕緊讓屍體腐爛。」有若說：「老師不會這樣說，這不是君子應該說的話。」曾參說：「老師的確說過，我和子游都聽到過。」有若說：「那得看具體情況，因何而發。」曾參去找子游，希望得到子游的證實。子游說：「老師是針對具體事例說的。當年老師住在宋國，桓司馬為自己造石槨，費了三年時間還沒完工。老師說：『與其這樣奢侈，還不如死後讓屍首趕快腐爛。』南宮敬叔丟了官位，帶許多財物回朝廷活動。老師說：『像這樣為名利而幹行賄的不義勾當，還不如趕快變成窮光蛋。』」曾參把子游的話告訴有若，有若說：「這就對了！老師說過的話決不是你說的那樣。」曾

參問：「當初你是怎麼判斷的？」有若說：「老師在中都任職時，規定內棺厚四寸，外槨厚五寸，可見老師重視人，連屍體都要儘量保存好。後來老師離開魯國，打算南下楚國尋求出仕機會，先後派子夏、冉求先去聯繫，可見老師十分重視從政的可能。」曾參心裏暗暗佩服有若學習孔子思想用功之深。正因為有若深刻地鑽研了孔子的學說，所以他深知孔子的偉大。有若對孔子的讚揚十分令人感動。他說：「一切物類都有高下之別。有走獸還有麒麟，有飛鳥還有鳳凰，有土堆還有泰山，有小溪還有大江大海。人也一樣，有普通人還有聖人，聖人之偉大遠遠地超過了普通人。老師就是聖人。自從有人類以來，還沒見過比老師更偉大的人。」

　　子夏、子游、子張統一了意見後，決定召集師兄弟們一道來討論這個問題。

　　子夏等的提議能否成為大家的共識，有若本人是否接受大家的委託，史料所載，有兩個版本。

　　一種說法是，子夏等人首先找曾參商量。曾參口氣很堅決：「這怎麼可以！老師的高潔偉大好比在大江大海裏洗過，在炎夏的烈日下曬過。任何人都沒法跟他老人家比，任何人都不可能接替他老人家的位置。」於是這事就這麼擱下來了。

　　另一種說法是，師兄弟們贊同子夏等的意見，公推有若繼任導師，像侍奉孔子那樣侍奉有若，團隊新的核心形成了。沒料想有一天，師弟們問有若：「從前老師領我們外出要我們帶上雨具，結果真的下了雨。我們問老師怎麼預料到天氣的變化，老師說：

『《詩》裏不是說嗎？「月近『畢』星，大雨滂沱。」昨晚月亮完全遮住了「畢」星，情況就不同，天不會下雨了。』第二天，果然是晴天。齊國一個名叫商瞿的人，年紀很大了還沒有孩子，他的母親打算給他另娶一房親。老師去齊國的時候，老人家向老師討教。老師說：『您別擔心！您的兒子四十歲以後會生五個孩子。』後來事情果然如此。請問，無論天上還是地上，老師怎麼都能預知事情的結果呢？」有若不知道怎麼回答，沈默不語。師弟們不客氣地說：「看來您沒法坐在這裏，這不是您的位子。」

這就是說，有若只在極短的時間裏擔任過孔子所開創學派的首領。

兩個版本如此不同，令今人無法追蹤事情的真相。所幸有一點是無庸置疑的，在孔子身後選擇學派首領繼任人的問題上，我們可以體察到孔子的學生們對這位大思想家、大教育家無限景仰、無限熱愛之情，也折射出孔子對教育他的學生這一開創性事業畢生所付出的全部愛和精力。

說明

本文根據《論語》之〈學而〉、〈子路〉、〈雍也〉、〈顏回〉、〈衛靈公〉，《孟子》之〈公孫丑上〉、〈滕文公上〉，《荀子·解蔽》，《韓非子·外儲說左上》，《史記·仲尼弟子列傳》，《禮記·檀弓上》以及《孔子家語·辯樂解》之資料編寫。

附錄 1：孔子教育活動年表

西元前551年（魯襄公22年）　孔子一歲。

西元前537年（魯昭公5年）

十五歲。孔子自稱：「吾十有五而志於學。」（《論語‧為政》）

西元前532年（魯昭公10年）

二十歲。做管理倉庫的小官（《史記‧孔子世家》《孟子‧萬章下》）。兒子孔鯉（字伯魚）出生。

西元前531年（魯昭公11年）

二十一歲。做管理牲畜的小官。（出處同上）

西元前525年（魯昭公17年）

二十七歲。郯國（在今山東郯城縣境內）國君郯子來魯國朝見，孔子向他學習古代官制的知識。（《左傳‧昭公十七年》）

西元前521年（魯昭公21年）

三十一歲。孔子自稱他三十歲時所具備的知識使他能立足於社會（《論語‧為政》），大約在此前後他開始辦學。顏路、曾

點、子路、冉耕、閔損等是他早期的學生。（《史記·仲尼弟子列傳》）

西元前518年（魯昭公24年）

三十四歲。魯國貴族子弟孟懿子、南宮敬叔拜孔子為師。南宮敬叔陪孔子到東周都城雒邑（今洛陽）學習考察。孔子拜見老子，向他請教，又向萇弘學習音樂知識，收穫很大。回魯國後，弟子也多了起來。（《史記》之《孔子世家》及《老子韓非列傳》）

西元前517-504年（魯昭公25年-魯定公6年）

三十五至四十八歲。魯國內亂，孔子離開魯國到齊國，兩年後返回。魯國朝政仍紊亂：大夫季桓子獨攬國家大權，季桓子的家臣陽虎又排斥他的主子季桓子。孔子憤而遠離政壇，研習學問，學生越來越多，其中有遠道慕名而來的（《史記·孔子世家》）孔子自稱他四十歲不會迷惑，五十歲懂得天命。（《論語·為政》）

西元前501-498年（魯定公9年-12年）

五十一至五十四歲。孔子出任中都（今山東汶上縣西）的長官，後又任司寇，主管刑法獄訟，頗有政績。弟子子路此期間也擔任了季氏家族的家臣。（《史記·孔子世家》）

西元前497-484年（魯定公13年-魯哀公11年）

五十五至六十八歲。在長達十四年的流浪生涯裏，孔子走遍衛、陳、曹、宋、鄭、蔡諸國，尋找實現政治理想的機會。子

路、顏回、子貢、冉求、宰我等弟子始終跟隨他。貴族子弟公良孺帶著自己的車輛跟著孔子，在匡、蒲兩地幫孔子解了圍。多次的危難，也沒有打消他固有的信念，改變他教育學生與學生交流的做法——在宋國，他在大樹下教學生學習禮儀；在陳、蔡間斷了糧，他仍給學生講解文獻知識，誦讀詩歌，並彈琴歌唱，與子路、子貢、顏回交流，激勵他們堅持追求。孔子結束他流浪生涯之前，冉求被召回魯國做了季康子的家臣，並立了戰功。（《史記‧孔子世家》）孔子自稱，他六十歲時，聽別人說話便能辯別出真偽判斷清是非。（《論語‧為政》）

西元前483-479年（魯哀公12年-16年）

六十九歲至七十三歲。晚年，孔子自稱他七十歲便能隨心所欲而所想所做也不會越軌。（《論語‧為政》）從返回魯國直到去世的五年裏，他專心辦學和整理文獻。司馬遷說他用詩、書、禮、樂教授學生，先後累計有弟子三千，其中精通禮、樂、射、御、書、數「六藝」（文化、軍事、禮儀、藝術等知識）的共七十二人。有若、子夏、子游、曾參、子張等是他晚年弟子中的佼佼者。他刪訂編定《詩》、研究「禮」、「樂」，鑽研《易》，編寫《春秋》。孔子去世後，弟子們為他舉哀，守孝三年：子貢在三年喪期滿後，又在墓旁搭建小屋，再守墓三年。（《史記‧孔子世家》）

編後語

　　十五歲至三十歲，是孔子學習知識、積累生活經驗，為他從事教育活動作準備的時期。三十一歲前後，孔子開始辦學。三十五至五十歲，他的知識越來越豐富，辦學規模越來越大。五十一至六十八歲，四年從政，十四年周遊列國，他沒有放棄教書育人，他辦學的事業也經歷了考驗。他的弟子雖有離他而去另謀他途的，但也有始終忠實地伴隨他聆聽他教誨的。六十九至七十三歲，孔子生命的最後五年，是他文化教育活動的高峰期。他一方面整理古代典籍，撰寫《春秋》，一方面又用這些經典作為教材向學生傳授知識和人生智慧，培養了一批高素質的從政人員和學者。

附錄 2：孔子的師生關係

孔子所生活的年代，一場社會變革正在中原大地上進行。

金字塔式的宗法制度衰頹了。西周初建立起來的嚴密社會結構被破壞，導致社會秩序的紊亂。沒落貴族淪為庶民，帶走了他們擁有的文化資源，專為貴族子弟而設置的官學漸趨衰微。「天子失官，學在四夷」（《左傳》昭公十七年）的說法便是這一事實的佐證。

於是，私學應運而生。

孔子是當時興辦私學最成功的人。

他以「有教無類」（《論語‧衛靈公》以下只注篇名）為辦學宗旨，一定程度上擴大了受教育者的範圍[1]。為了培養「文質彬彬」（〈雍也〉）的君子——德、智、勇、藝[2]兼備並具有禮儀、藝術修養全面發展的人[3]，他重視道德教育，整理古代文獻作為教材進行

---

1. 孔子認為「民可使由之，不可使知之」（〈泰伯〉）；「唯上知與下愚不移」（〈陽貨〉），足見孔子也曾將某些人排除在可受教育範圍之外。
2. 「藝」指才能（從劉寶楠《論語正義》），即俗稱能幹。
3. 孔子答子路問說，「成人」（全人）應「若臧武仲之知，公綽之不欲，卞莊子之勇，冉求之藝，文之以禮樂」（〈憲問〉）。

知識教育[4]，還改革教學方法[5]，建立新型的師生關係。他辦學前後四十多年，累計培養弟子三千多人，佼佼者七十有二。

我們要特別介紹一下他的師生關係。

西周的官學，制度完備。政教一體、官師不分的特點導致尊師重道絕對化。師生關係等同於上下級關係。學生絕對服從教師，教師可以用體罰工具「警策」學生[6]。

孔子的學堂則不然。

在學生眼裏，孔子既是嚴師，又是慈父；既是良師，又是益友。

孔子要求學生十分嚴格。他督促學生端正學習態度，認識學習的重要性（參見本書〈子路是勇武之人〉、〈終生學習，樂在其中〉），三番五次強調學習「詩」、「禮」的重要性。宰予白天睡覺，孔子斥之為「朽木」、「糞土之牆」（參〈嚴師出高徒〉）。曾參孝順父親，到了愚蠢的程度，氣得孔子將他拒之門外（參〈錯在哪裏〉）。冉求幫助季康子聚斂財富背離了老師「德治」的主張，差點被孔子除名（參〈你太令我失望了〉）。批評歸批評，關懷支援一點也沒減少。孔子向季康子推薦冉求出仕（參〈學不了，還是不學？〉）；派宰予去楚國辦事（參〈嚴師出高徒〉）；給曾參講授「孝」道，促成他學術思想的成熟（參〈錯在哪裏〉、

4. 「子以四教：文、行、忠、信」（〈述而〉）。「文」指古代文獻，「行」指社會實踐，「忠」、「信」屬道德教育。
5. 孔子的教學方法多有可借鑒之處，如：因材施教、循循善誘、學思並重、學行結合等等。
6. 參《禮記・學記》、朱熹《大學章句序》；又吳榮政等《簡明中國文化史》第205-206頁（湖南師範大學出版社1991年版）。

〈他接過了老師的接力棒〉）。他跟學生並不是父子關係，但感情之深，卻勝過父子。冉伯牛感染惡病，他傷心至極（參〈窗外的哀音〉）。顏回早逝，子路殉職，他哀痛無以復加（參〈不是父子，勝似父子〉、〈子路之死〉）。

　　孔子是學生的良師。好教師首先要以身垂範，給學生做出榜樣。孔子正是這樣做的。他「學而不厭，誨人不倦」（〈述而〉），追求理想，執著於事業，「知其不可而為之」（〈憲問〉）。他為學生的進步而高興，及時肯定他們的成績。子路、子賤、子游的政績，都得到過他的表揚（參〈仲由果斷，從政不難〉、〈子賤真是君子〉、〈殺雞也用宰牛刀〉）。他也不放過學生的缺點和問題，但他總是先弄清情況，再進行分析說理（參〈斷糧之後〉），而且還注意到學生的性格差異，方法因人而異（參〈你太魯莽了〉和〈終生學習，樂在其中〉）。關鍵時候，他挺身而出，為學生說話，保護他們的積極性（參〈冉雍上任以後〉）。

　　他又是學生的益友。他經常與學生平等交流，共同研討。像「立志」這樣的問題，他就與學生交談過多次（參〈戎山遠眺〉、〈迎著春風的談話〉）。他也有發火的時候（參〈你太令我失望了〉、〈嚴師出高徒〉），那多半是學生太出格，或者是背離了原則。一般來說，他都能耐心啟發，「循循然善誘人」（〈子罕〉）。

　　正因為如此，他贏得了學生的敬愛。顏回、子路、子貢、宰予、有若、曾參等人都發自內心地讚嘆孔子的高尚和淵博（參〈不

是父子，勝似父子〉、〈木棍撞鐘能撞響嗎？〉、〈嚴師出高徒〉、〈誰能繼任我們的導師〉）。他們忠實地履行師訓（參〈子賤真是君子〉、〈殺雞也用宰牛刀〉），自覺地維護孔子的威信（參〈木棍撞鐘能撞響嗎？〉、〈真誠的守護〉），承傳孔子的思想（參〈他走進了一條文化長廊〉、〈他接過了老師的接力棒〉、〈把「忠」、「信」二字寫在衣帶上〉）。但，他們對孔子並不迷信。為了尋求真知，他們勤於思考，善於提問，敢於跟老師展開爭辯（參〈嚴師出高徒〉、〈學會思考：認同與發展〉）。這種現象，在西周官學裏，是無法出現的。

孔子與學生這種亦師亦友的關係，是怎樣形成的呢？

第一、社會制度變革的影響——周王室王權式微，精心設計的宗法制衰頹引來的權力再分配是統治集團內部的火拼廝殺。原有社會結構的破壞引發了新的社會流動態勢的形成，替代式社會流動部分地取代了複製式社會流動。世襲制還存在，新的社會力量也悄然興起。「寒士」和社會下層不安於現狀的人們紛紛加入到新的社會流動中，企盼奪回或爭取到「權力大餐」中的一杯羹。他們需要更多的知識武裝自己，因而成為幾乎不設門檻的私學的學生。孔子的私學正是這種情況。他的學生中，除極少數貴族子弟外，大部分出身寒微。這些學生為謀求新的出路拜知識淵博的孔子為師，他們迫切要求上進，求知欲十分強烈。沒落貴族出身歷經坎坷的孔子與他們產生了共鳴，給予他們關愛和支援。相同的出身、經歷和追求，是他們建立迥異於西周官學師生關係的基礎。學生沒有世襲的爵

位，教師也不是朝廷的要員。學生不必對教師卑躬屈膝以保護自己的利益，教師也不會為維護自己的權威和「尊嚴」而要求學生對自己俯首貼耳。尋找真知，突破困境和改變現有秩序的共同願望把他們連結到一起，形成了新的教學團隊。

第二、社會思潮的影響——與殷人置神鬼於首位貶抑人事的做法不同的是，周人在事鬼敬神的同時還強調人事的努力。出於政治的原因重視人的作用，影響所及，不僅僅是政治範圍內重人思想的興起。人的生命、人的價值和尊嚴開始得到尊重。這是一個漸進的過程。以殉葬制為例，殷商人殉的野蠻程度令人瞠目結舌。安陽殷王陵二百多個殉葬坑內殉葬者的骨架多達一千三百三十具，一千三百三十個奴隸被活生生地剝奪了生的權利。西周時期殉葬現象依然存在，豐鎬遺址張家坡墓群、陝西寶雞茹家莊強伯及其夫人井姬墓以及北京附近琉璃河墓群內都有殉葬者屍骨。其中強伯殉葬七人，井姬墓殉葬三人，都是少年兒童。再看看東周，齊故都遺址齊景公等的墓葬群除殉馬二百二十八匹外，為齊景公殉葬的青年女性多達十二人[7]。這些都是血淋淋的數據！我們有理由相信，「天道遠，人道邇」（《左傳》昭公十八年）是鄭國子產為應對官員的質疑而強調人事的說法。孔子則舉起了上書「人」字的大旗，

---

7. 依次見《1950年春殷墟發掘報告》（《考古學報》5期）、《1967年長安張家坡西周墓葬的發掘》（《考古學報》1980年4期）、《陝西省寶雞市茹家莊西周墓發掘簡報》（《文物》1976年4期），《北京琉璃河1193號大墓發掘簡報》（《考古》1990年1期）、《臨淄朗家莊1號殉人墓》（《考古學報》1977年1期）。

重人思想的社會性思潮正是由孔子掀起來的。孔子思想體系的核心是「仁」，「仁也者，人也。合而言之，道也」（《孟子‧盡心下》）。孟子的論述直擊事實關鍵。再看孔子的言行，馬廄起火不問馬而問「傷人乎」（〈鄉黨〉），表達的是對人的生命不完全被重視的焦慮，「三軍可奪帥也，匹夫不可奪志也」（〈子罕〉）則是直接在呼喊珍視人的尊嚴。正因為如此，孔子才能尊重教育對象，以育人為重，與學生建立亦師亦友平等的師生關係。

第三，孔子的個人魅力——孔子不僅是教育家，而且是思想家、政治活動家。他辦學的指導思想受制於他的社會政治觀念。

他讚賞並力圖實現對夏、商二代禮制有所損益豐富多彩的周禮[8]，以建立社會各階層各安其位、各行其事、穩定的社會秩序。即便不被那些一心擴大自己地盤的諸侯，大夫所採納，他也「知其不可而為之」（〈憲問〉），並為這一理想的實現而培養人材，堅持不懈。他「誨人不倦」，以事業為重，「義以為上」（〈陽貨〉），「見利思義」（〈憲問〉）。凡有上進心的人，「自行束脩以上」（〈述而〉），給一點點見面的薄禮，他便收為弟子，精心培養，與他們一道共度難關。強烈的事業心和社會責任感，正是他辦學的動力。

他呼籲以仁愛之心處理人際關係，行「仁」不僅能化解矛盾，而且充實了他所理想的和諧的社會秩序的內容。待人以「仁」愛之

8. 「殷因於夏禮，所損益，可知也；周因于殷禮，所損益，可知也……」（〈為政〉）「周監於二代，鬱鬱乎文哉！吾從周。」（〈八佾〉）

心必定尊重對方，像維護自己的尊嚴一樣尊重對方維護尊嚴的權利。一個「愛」字把孔子的「仁」學倫理觀和重人思想聯繫了起來，奠定了孔子熱愛學生，尊重學生，承認學生的認知差異和個性特點，因材施教，啟發誘導的思想基礎。

他不是不可知論者，也不認為知識源於非人為的力量。儘管他這方面的認識還有一些矛盾，但靠自己的努力獲取知識是他一以貫之的信念[9]。因此，他「學而不厭」，「樂以忘憂」（〈述而〉），「不恥下問」（〈公冶長〉）擇善而從（參（〈述而〉）。具有自知之明的自我解剖精神和驚人的求知欲望也決定了他教學方法改革的走向。

總之，孔子的社會政治思想、倫理觀和認識論決定了他辦學的宗旨、教學的原則和方法。教師是師生關係的矛盾主要方面，教師的教育教學理念及其作為，決定了師生關係的性質，形成孔子師生關係特點的主觀因素正是孔子本身的思想面貌和人格魅力。

社會意識的發展是揚棄承傳的過程。孔子辦學很多方面值得我們今天借鑒。這裏只就其師生關係談兩點看法。

第一、孔子熱愛學生，甚至勝過他的親人。這種情感的形成不僅因為他與學生有過長期相處患難與共的經歷，更由於他對事業的執著。孔子愛生源於他的「弘道」（〈衛靈公〉），弘揚他自己所認定的真理（他的政治追求和道德理想）。一個有理想的人必定對

---

9. 「吾非生而知之者，好古敏以求之者也。」（〈述而〉）但孔子又認為人有「生而知之者」「學而知之者」「困而學之」的區別（見〈季氏〉）

他的工作——從而他的工作對象產生濃厚的感情，並形成強烈的敬業精神。無論短暫的魯國從政生涯，還是長達四十多年的辦學事業，孔子一直都兢兢業業，竭盡全力。今天，我們也應該為共同的理想——國運興盛、民族復興做好教書育人的工作，對自己的教育對象有更加誠摯的愛，鞠躬盡瘁，死而後已。

第二、孔子尊重學生，尊重和重視發展他們的個性。當「師道尊嚴」成為公認的鐵則並轉化為人們的思維定勢時，孔子反其道而行，不但出於真知灼見，而且需要勇氣。事實上，世界上每一個人都是獨特的生命個體，都有他自己的故事，他的存在意義。教師承認這一事實，就必須承認「因材施教」的科學性，就必須針對每個學生不同特點進行工作。誇美紐斯（1592-1670）創造了班級授課法。半個世紀以來，我們沿用它至今，滿足並欣賞它最大限度地利用教學資源，卻忽略了我們的學生是一個個活生生有血有肉有個性的人。傳統的個性化教學方式淹沒在千篇一律的要求裏。其實我們完全可以把集體講授與個別輔導課外活動等能彰顯學生個性促成他們各自優勢高揚的做法結合起來，千萬不要把學生訓練成清一色的考試機器，我們要的是國家各個領域裏富有創新精神的未來建設者。

尊重學生就應該循循善誘，像孔子那樣不勉強學生按照教師的意志改變他們的認知過程。舊知、固有的思維特點和水準等等是接受新知的基礎和前提，承認和利用這些前提因勢利導才能加速學生的認知過程。在認知過程中投入情感因素，讓學生感覺到你是可信

賴的朋友，他就會敞開心扉，與你毫無拘束地對話，也會增加他得出正確結論的機率。啟發誘導，學生學到了知識，教師也從中獲益，這就是教學相長。至於變誘導為灌輸，訓練學生只會死記硬背生搬硬套不會思考的做法，決不可取。那是在摧殘學生。

　　孔子的教育教學思想，內容極為豐富，他的社會政治思想也包含多方面的內容。希望讀者能藉本文所突破的「宮牆」之一角，見到「宗廟之美」、「百官之富」（〈子張〉）[10]。

10.子貢將孔子的思想比喻成有好幾丈高圍牆的建築群，極少數能找到大門進去的人才能見到裏面雄偉的宗廟（「宗廟之美」）、多樣的房舍（「百官之富」）。「官」訓房舍，從俞樾說）。

後　記

　　擺在面前的這一摞書稿，是繼我的第二部專著面世後，我花了近三年時間，陸續寫作、修改完成的。

　　在二十多年學習的經歷中，我逐漸認識到普及儒學知識的重要性。任何具有生命力的理論，都存活於它與現實生活的互動中。它源於現實，又反作用於現實。如果把它束之高閣，封閉在象牙塔裏，它就會失去活力，變成殭屍。儒學當然也不例外。原始儒學源於對兩千多年前社會現實問題的探討。在總結了前人和同時代人的理論思維成果後，它形成了自己的理論體系。雖經多少年代的政治炒作和扭曲，但穿越了西漢及宋兩朝文化綜合的隧道後，它仍然得到了發展和承傳，滲入國民心靈深處，積澱為包括正、負兩方面元素的我們民族的集體無意識。這一事實足以證明它具有頑強的生命力，堪稱我們民族傳統文化的主流。

　　近些年來，人們越來越認識到繼承發揚傳統文化精華建構當代價值的必要。振興國學的呼聲越來越高，將原始儒學的知識傳遞給社會大眾，刻不容緩。

　　我要感謝我的恩師——北京師範大學教授、博士生導師周桂鈿

先生。先生教學任務繁重，並在國際儒學聯合會、中國哲學史學會、中華孔子學會等多個學術機構中擔任重要工作。先生在百忙中審閱我第二部專著《人性善化與人格提升——先秦兩漢儒學理想人格思想及其現代鏈結》部分書稿後，又教導我用講故事的方式在更多人當中普及儒學知識。我這樣做了，並決心繼續做下去。

然而真正做起來，困難比預想的要大得多。

介紹孔子思想，最可靠的依據是《論語》，但《論語》是孔子弟子們編成的語錄集。孔子的某句話是在什麼時間什麼條件下講的，多數都難以推斷。然而故事作為一種文學樣式要求時間、地點、人物、情節齊全。我不能臆測和瞎編，又無法作出準確考證；只好以《論語》為主，並據《左傳》、《史記》，還參考其他典籍以及當前學術界較為公認的孔子活動年表，作出時空定位，設定具體情景。我希望能夠比較形象地告訴讀者孔子在什麼情況下說了什麼，做了什麼，為什麼這樣說，這樣做。

目前已經有許多孔子的傳記問世。錢穆先生的《孔子傳》（台灣東大圖書公司，1987）重考證，是經典之作，但並非故事形式。金景芳諸先生的《孔子新傳》（湖南出版社，1991）用兩章的篇幅介紹孔子的生平與事業，敘事十分嚴謹；但重點卻在另外十章上——另外十章對孔學及有關典籍等內容、流傳的評價，下了很大功夫。它的受眾應該不是需要儒學啟蒙的大眾。劉憲宜先生的《孔子傳》（遠方出版社，2002）大體上具有與金景芳諸先生的著作同樣的架構。高專誠先生的《孔子·孔子弟子》（山西人民出版社，

1991）全書四分之一的內容涉及孔子生平與事業，但角度側重孔子的師生關係，且多考證、評價。〔日〕井上靖的《孔子》（1991，人民日報出版社）和楊書案的《孔子》（長江文藝出版社，1990）都是文學作品，細節豐富，形象鮮明生動；但渴望暸解孔子思想的人應該更關注歷史的真實，而不僅是描寫的生動性。北京師範大學教授、中國古代文學史專家、詩人李長之先生的《孔子的故事》（上海人民出版社，1956、1986），讓我眼睛一亮。先生曾為我們開設《中國文學史》課，他的講課材料豐富，立論新穎，語言流暢，情感飽滿，頗受學生歡迎。先生的《中國文學史略稿》以詩的語言介紹中國古代文學的發展歷程，很得學生喜愛。《孔子的故事》用通俗又頗具抒情意味的語言介紹孔子一生，二十九個故事渾然一體，行文紆徐疏朗，孔子栩栩如生的面影活躍在字裏行間：這一切都立足於史料取捨的嚴謹和獨創，統率在對孔子擺脫了偏見的評價之下。先生的著作為我樹立了很好的樣板，淺薄如我，當然不可能超越。我要學習先生，但又應該另闢蹊徑。我想：《論語》全書十九篇，記錄孔子與他弟子互動言行的文字多達一百四十六處，不但同其他冠以「子曰」等的語錄一樣，是探討孔子政治倫理思想及人生哲學的重要資料，而且還呈現了孔子教學工作的概貌、孔子的師生關係和教育教學理念；我不妨從孔子與他弟子們的關係切入，以《論語》為主，並廣泛地從《左傳》、《史記》等古代典籍中尋找素材，編寫故事，通過孔子及其弟子的群體活動來介紹他的思想。

　　於是有了這一摞書稿。

　　書稿涉及孔子弟子二十四人，三十八個故事大體按照他們師從孔子的先後次序排列。書稿前列人物表，便於讀者瞭解孔子師生們的概況；後附《孔子教育活動年表》及《孔子的師生關係》，意在幫助讀者對三十八個故事作總體回顧。

　　水平有限，資料的搜集、理解、處理，還有自己也不滿意的地方；但年齡和健康狀況不饒人，我只好把目前所能做到的奉獻出來，請專家和廣大讀者批評，給我一個再學習的機會。

　　我對孔子的景仰以及研究包括《論語》在內的中國古代作品意向的確立，源於大學一年級時聆聽劉盼遂先生對《論語‧先進》「侍坐」的講解。1954年，在北京師範大學新校西飯廳裏，先生站在高大空曠的大廳裏，面對來自祖國四面八方以及香港地區的二百多名學生侃侃而談。先生以精闢的分析征服了大家，孔子及子路，曾點等人的形象逐一浮現在大家的眼前。通過兩年「中國古代文學作品選講」這一課程的學習，我沈迷在浩淼深邃的中國古代文化的海洋中，我愛上了它。1957年以後，二十二年的生活艱難、近十年教學及行政工作的繁雜，到1996年我才有了自己的第一部儒學專著，它記錄了我對孔、孟、荀美育思想的探索；2006年我研究先秦兩漢儒家理想人格思想的專著也終於問世。兩部專著各自承載了我十年的學習積累。我要感謝許多幫助過我的人。清華大學劉鄂培教授多次打電話給我指點。湘潭大學肖艾教授、羊春秋教授先後寫信和撰文肯定我的研究成果。北京師範大學教授郭預衡先生、周桂

鈿先生一而再、再而三鼓勵我寫作，賜我以墨寶，周先生還親自為我審稿，贈我以資料。如今，郭、肖、羊三位先生均已駕鶴西去，但他們的恩情和教導我將永記不忘。此外，楚辭研究專家、屈原學會副會長周秉高教授、儒學博士甯新昌教授都寫信對我第二部專著給以積極評價。我還要提到我的領導（也是校友）何建政先生在我信心動搖時鼓勵我說：「我瞭解你，凡是你想要做的，你一定能做到！」這句話使得我又鼓足了勇氣，經久不衰。校友李鏡春教授對我的一篇論文（我第二部專著中的一個章節）寫了幾千字的長信給以評點。前輩和朋友的支援使我更加堅強；妻和子女的鼓勵陪伴我度過艱難的歲月；五南文化事業機構旗下台灣書房編輯部的努力將我的願望變為現實；我謹在此表示最誠摯的謝意。

張德文

二〇〇九年三月再改畢

二〇一二年四月定稿

國家圖書館出版品預行編目資料

論語故事——孔子與他弟子們的故事／張德文
著. --三版. --臺北市：五南圖書出版股份有限
公司, 2018.02
　　面；　　公分.
ISBN 978-957-11-9539-1 (平裝)

1.論語　2.歷史故事

121.22　　　　　　　　　　　104018298

悅讀中文　　79

ZXOF　論語故事——
　　　　孔子與他弟子們的故事

作　　　者 — 張德文(219)

發 行 人 — 楊榮川

總 經 理 — 楊士清

總 編 輯 — 楊秀麗

副總編輯 — 蘇美嬌

責任編輯 — 蔡明慧　邱紫綾

封面設計 — 謝瑩君

出 版 者 — 五南圖書出版股份有限公司

地　　　址：106台北市大安區和平東路二段339號4樓

電　　　話：(02)2705-5066　　傳　真：(02)2706-6100

網　　　址：https://www.wunan.com.tw

電子郵件：wunan@wunan.com.tw

劃撥帳號：01068953

戶　　　名：五南圖書出版股份有限公司

法律顧問　林勝安律師事務所　林勝安律師

出版日期　2015年12月初版一刷
　　　　　2018年 2 月三版一刷
　　　　　2021年 9 月三版四刷

定　　　價　新臺幣220元